从数据力到领导力

[英] 迈克·布根贝 (Mike Bugembe)   著

袁毅　译

中国科学技术出版社
·北 京·

Cracking The Data Code: Unlock the Hidden Value of Data for Your Organisation by
Mike Bugembe /ISBN:9781781333334
First published in Great Britain 2018 by Rethink Press Limited
© Copyright Mike Bugembe
All rights reserved
The Simplified Chinese translation rights arranged with Rethink Press Limited through
Rightol Media（本书中文简体版权经由锐拓传媒取得 Email: copyright@rightol.com）
The Simplified Chinese edition © copyright
by China Science and Technology Press Co., Ltd
北京市版权局著作权合同登记　图字：01-2022-3016。

图书在版编目（CIP）数据

从数据力到领导力 /（英）迈克·布根贝著；袁毅
译 . — 北京：中国科学技术出版社，2023.1
书名原文：Cracking The Data Code: Unlock the
Hidden Value of Data for Your Organisation
ISBN 978-7-5046-9857-5

Ⅰ . ①从… Ⅱ . ①迈… ②袁… Ⅲ . ①企业领导学
Ⅳ . ① F272.91

中国版本图书馆 CIP 数据核字（2022）第 203446 号

策划编辑	杜凡如　牛岚甲	**责任编辑**	杜凡如
封面设计	马筱琨	**版式设计**	蚂蚁设计
责任校对	张晓莉	**责任印制**	李晓霖

出　　版	中国科学技术出版社
发　　行	中国科学技术出版社有限公司发行部
地　　址	北京市海淀区中关村南大街 16 号
邮　　编	100081
发行电话	010-62173865
传　　真	010-62173081
网　　址	http://www.cspbooks.com.cn

开　　本	880mm×1230mm　1/32
字　　数	109 千字
印　　张	6
版　　次	2023 年 1 月第 1 版
印　　次	2023 年 1 月第 1 次印刷
印　　刷	北京盛通印刷股份有限公司
书　　号	ISBN 978-7-5046-9857-5/F·1070
定　　价	69.00 元

（凡购买本社图书，如有缺页、倒页、脱页者，本社发行部负责调换）

目录

绪论

数据已经成为我们这个世界上很令人兴奋的颠覆性力量。如今，我们能获取海量的数据，这种情况前所未有，且正在从根本上改善我们生活的方方面面。数据正在让我们变得更聪明、更健康、更安全。它被用来改善我们的公共和私人生活以及我们的环境。企业正用它来创造由新型数据驱动的产品、服务和商业模式。从运营到招聘，再到员工的敬业度，企业也在为提升其每一个业务部门的功能水平开发新方案。坦率地说，我们的世界在各个方面都从中受益，这也表明，数据完全能改变企业和整个世界的游戏规则。

然而，我们也必须承认，这些重大的能够改变游戏规则的机遇同时也伴随着道德挑战，这些道德挑战主要在于企业能够获取的个人数据越来越多，有时甚至是敏感数据。幸运的是，像英国信息委员会（Information Commission）这样的机构已经成立，以维护个人的信息权利，确保消费者安全，同时鼓励企业以一种道德和透明的方式继续进行数据创新。有了这些保障措施，企业就可以在许多方面继续利用数据来改善我们的生活，比如增大慈善捐赠的机会、预测粮食短缺的情况以及预防饥荒，甚至可以帮助我们发现和应对各种形式的腐败。

想象一下，在这样一个世界里，你对复杂的商业环境中发生的事情有了深入的了解——或者更好的是，你能够理解它发生的原因。你能够明白为什么某种产品的销量突然下降，为什么用户的参与度急剧改变，或者为什么你的（企业的）增长速度没有达到预期。那么数据可以帮助你回答这些问题，甚至更多的问题。有了数据，企业不仅能够弄清楚发生了什么以及发生的原因，还能够预测未来可能发生什么，通过计算，制订最有效的行动方案，甚至可以在没有人员干预的情况下使用人工智能（AI）采取应对措施。

可以很坦率地说，数据带来的机遇是不可否认的。

谁能从数据中受益

那些成功利用数据的企业通常会获得显著的增长和财务收益，在各自的行业中确立自己的市场领导者地位。提起那些使用数据的组织，我们自然而然会想到谷歌（Google）、亚马逊（Amazon）和脸书[1]（Facebook），这些企业耗费了大量的时间和金钱、付出了巨大的努力通过数据挖掘技术来提取价值，这已经为他们带来了数十亿美元的估值以及市场主导地位。

虽然这些都是很好的例子，但我也注意到，利用这些公司作为案例研究会使人们产生一种错误的观念，即要通过数据改变游戏规则并获得收益，那么你的企业必须是一家拥有丰富技术资源和从硅谷起家的大型企业。这种观念是错误的，必须得到纠正。

如今，从数据中获益已经变得越来越普及，每个企业——也包括你的——可以突破企业的规模、预算和行业的障碍。当谈到数据成功的案例时，我们往往只想到那些技术型企业，那我们来看看以下这些非技术型的——甚至有些传统的——行业的案例：

---

[1] 现已更名为元宇宙（Meta）。——编者注

- 顶级运动队通过预测和预防队员受伤情况来延长运动员的体育生涯并提高他们的赛绩；

- 卫生和医学界正在使用预测数据的计算，来确定某些疾病（如抑郁症）的发病，这使相关从业者能够对人们进行预防性治疗，而不再使用昂贵的、大量占用资源的、反应式的传统疗法；

- 在恐怖袭击发生前，情报机构能够利用数据来确定部署部队的位置，以预防破坏性的恐怖活动。

作为企业的领导者，你难免要考虑如何利用数据来为你的企业服务。更具体地说，就是你如何利用数据来增加市场份额、实现超级增长、创造竞争优势、提高收入并找到新的收入来源，以及如何使自己更专注于提高企业的运营效率，比如提高质量、生产率和员工保留率，当然也包括很多其他方面。

即使是在最基本的层面，数据也能让你深入了解所有能够为你的企业实现增值的要素，比如员工、客户和供应商。通过数据，你可以了解到他们那些不为人知的行为和个人偏好——这些信息可以用来帮助你创造新产品、个性化服务或简化运营，从而推动变革型的商业模式，进而实现收入和企业规模的增长，并为企业带来创新和生产力。当你的企业更加善于挖掘数据时，你的洞察力水平就能够

从弄清楚正在发生什么以及发生的原因，提升到预测将来
会发生什么，并利用机器学习和人工智能制定最佳解决方
案，找到制胜的战略，以实现企业的关键目标。

为了获得这些收益甚至得到更多，任何企业的所有部
门或业务单位的所有领导，都必须在挖掘、获取数据方面
进行投资，无论他们身处哪个行业，都别无选择。

忽略数据的代价

这种对数据投资的忽视可能会让企业付出惨重的代
价。那些忽视这种机遇、延误数据之旅的企业，面临着
被更精通挖掘数据的竞争对手超越的严重风险。如果你认
为你的竞争对手没有积极地寻求利用数据取胜的方法，
那你就错了。我敢拿我的房产打赌，每一家《财富》
（*Fortune*）500强企业中都至少有一位高管认识到，有必
要利用数据的价值，并将其作为实现企业规模增长和获得
市场主导地位的战略支柱。

如果忽视数据的价值，你的竞争对手会在你之前通过
改变游戏规则获得丰厚回报，这样做风险太高。这意味着
所有21世纪的企业，无论身处何种行业，都面临着同样的
挑战，需要就以下这些问题扪心自问：

- 我们如何让数据服务我们的企业？

- 我们如何通过获取前所未有的海量数据，来为所有参与者创造清晰、有形的价值？

- 我们如何利用数据激发出商业革新的新优势？

- 我们能否预测所在行业的未来，以便我们能够提前规划并率先行动？

为什么很多企业未能通过获取数据受益

残酷的现实是，许多开展数据计划的企业投入了大量的时间、资源和精力——但不幸的是，他们注定会失败。2015年的一项调查发现，只有8%的领导者对他们的大数据和数据科学计划完全满意；而另一项调查显示，92%的组织未能实现提升或者原地踏步。很遗憾，这些统计数据对你来说都是负面的，而如果你跟随这些企业的脚步，那么你的投资很可能也看不到回报。

考虑到我们生活在信息时代，可以获取各种各样的大量数据，我们必须问自己：既然企业可以获取这些数据，那为什么他们仍然不能从中受益呢？

当企业在获取数据方面进行投资并开始从中寻求价值时，他们只会聘请一个通常被称为"数据科学小组"的团队——一个由博士级别分析师组成的高技术团队，他们具有编写复杂数据算法的能力。可惜的是，这还远远不够。

数据通过与企业协作（而不是孤立地）向后者传递价值。没有哪个高管会让一个纯技术型的团队去协调消费者需求和赢利能力之间的微妙平衡，或者每位客户的收益与市场份额增长之间的平衡。由于整个企业都可以通过获取数据来实现价值，而决定将数据重点放在哪里是至关重要的，因此要想成功，它需要的不仅仅是行政领导团队的承诺，还需要全面参与！

而这往往是成功利用数据的主要障碍。许多企业用户甚至不理解数据到底是什么，也很难弄清楚它的具体用途。如果你从一系列企业中随机挑选出几位高管，让他们解释数据的定义、数据的用途以及数据科学家是什么，你会得到不同的答案。这个问题并不局限于非技术性的高管；数据相关的术语有很多，甚至所谓的专家也不能就现有的术语达成一致。这将对你的数据策略、招聘策略以及任何旨在创造由数据驱动的文化的举措产生直接影响。

这意味着大多数企业都无法充分地理解并有效地利用他们所能获得的数据。很少有企业具备技术能力、资源、时间和工具以用于剖析、挖掘和分析数据，并以此来发现和获得收益。而更少有企业拥有这类业务主管：他们具备严格的纪律、正确的价值观和行为，让数据真正地为他们所用。

简而言之，企业的行政领导团队通常存在数据能力问题。

从数据中生成价值是一个复杂的过程，需要理解和掌握许多细小而具体的部件和相关序列。因此，很多人已经发现，成功地利用数据并不完全与统计数据相关，也不完全与你聘用的博士数量或者你拥有的数据量相关。如果技术分析团队的成效非常有限，那么企业就无法解锁数据的商业价值。相反，从数据中获得成功需要公司大多数人的关注，并将在组织、结构和行为等方面影响到整个企业。

解开数据之谜

面对广泛存在的复杂性以及对于聪明才智的考验，将通过数据来创造颠覆性价值的行为描述为一个"拼图游戏"是最形象不过了。在这个"拼图"中，缺失的那一块破坏了画面，因此，实际上这个"拼图"仍未拼完。

当我开启数据之旅时，我发现关于这个谜题以及如何解决它的说明性文件很少，所以我开始寻找一种解决方案，让它开始运作、简化它并记录它。我花了八年时间研究并与一些组织合作，这些组织似乎已经解决了这个难题：从脸书和谷歌这样的大型技术数据巨头，到一些有自己的应对之道的小公司。我还花时间与那些未能意识到数据带来的好处的人交流。在这一研究期间，成功的企业中出现了一套明确的方案、价值观和措施，而这些通常是那些不成功的企业所欠缺的。

我花了很长时间建模、开发并将我的处理模式编纂成一种方法——也可以说是一种算法——这可以大大增加成功处理数据的机会。我能够在一系列客户身上测试这个模式，并很幸运地看到他们加入了少数企业的行列，这些企业正在经历数据所能带来的改变游戏规则的成功。

我个人最大的成功是在JustGiving❶担任首席分析官。这是一家总部位于英国的小型企业，为慈善筹款者的在线需求提供服务。我的团队所创造的创新的、由数据驱动的智能产品是该企业以一百万美元的价格被收购的关键性原因——这是近几年来针对一家在非营利领域运营的科技企业的最大收购案——由此诞生了几个百万富翁。我们建立了智能算法，能够理解和了解捐款者对什么有热情，他们什么时候愿意捐赠，他们愿意捐赠多少，以及如何更

---

❶　中文直译为"慈善就是这么简单"。——编者注

好地与他们互动，并最大限度地提高后续捐赠的机会。这些机器学习算法为人们所热爱的慈善事业创造了数百万英镑的捐助，它们是收购和战略的关键组成部分。

这种利用大量可用的数据来产生创新的、占市场主导地位的价值的过程，就是这本书的主题所在。这是一个相对复杂的过程，但我的任务是简化它，在此过程中，我将所有关键组件、行动、价值和行为总结成以下五个不同的关键要素，以破解数据代码：

- 对什么是数据以及数据如何传递价值在企业层面的理解；
- 合格的数据主管；
- 战略性的策略；
- 一个有能力、多元化的团队；
- 数据驱动的企业文化。

本书的每一章都详细探讨了这些要素，提供了实例和指导，告诉你如何将它们应用到你的企业。

你为什么需要这本书

任何企业，无论行业大小，都有一个他们可以解决的数据之谜。每个谜题都有独特的画面、独特的结局和独特的视角，就像人们的指纹一样独特。在这一大堆古怪的特质中，有一个共同的跨行业的方法来解决这个难题。这五个关键要素看起来可能很简单，但当你深入研究它们每一个时，你会发现这是一个高度复杂的问题。

例如，你的企业领导能解释什么是数据吗？他们理解机器学习和人工智能这对数据科学里受欢迎的"表兄弟"之间的区别吗？他们了解数据的实际用处究竟是什么？你能对这些问题做出一个令人信服的回答吗？你应该任命什么样的数据主管？这个人应该与领导团队坐在一起，还是去IT（信息技术）部门报到？只招募数据科学家能成功吗？哪些明显的行为和态度会使你的企业成为一个以数据为导向的公司，能够使你的企业成为成功使用数据的完美案例？

当你在招聘数据主管时，你是否知道他应该做什么，以及你应该期待什么样的结果吗？这个人会招募一个团队来执行任务吗？你们的计划一致吗？你们能够共同执行这些计划吗？

这些问题只是众多未知问题的冰山一角，必须由领导层来理解和回答。虽然成功的五大关键要素可能看起来简单，但每一个要素都有很深的复杂性，必须被很好地理解。

　　许多组织认为他们具备成功的这五个关键要素，但最终他们没能看到成果。这是因为数据与使用数据的算法非常相似：两家公司都可以开发出一种算法，用以识别应该针对哪些客户来推广新产品，但不同的是算法细节和用于训练与测试这些算法的数据。

　　要让数据为你服务，你别无选择，只能理解这五个组成部分中的每一部分之间的细微差别，无论你的企业的规模或性质如何。我可以通过这样做来证明，只有这样的企业才能实现它们的目标：他们肯花时间并且正确地对从数据中产生价值的过程进行投资，只有这些企业具备获得收入增长的能力，能够获得更多主导行业垂直领域的机会。

这本书是写给谁的

　　随着媒体对JustGiving等企业应用数据的成功案例的炒作，与数据相关的术语现在成为商业世界的流行词汇。但是又有多少高层管理人员和直线经理（除了那些在计算机科学或数学领域拥有高级学位的人）确切地知道数据和它在数据科学领域的表兄弟——人工智能和分析学——到底是什么呢？更重要的是，有多少人确切地知道他们需要做什么才能从数据中提取真正的价值？作为你所在企业的领导，你知道吗？

正如我的朋友兼作家格拉汉姆·霍格（Graham Hogg）所描述的，"数据是一项团队运动"，在这种情况下，团队由组织中的大多数人组成，从高层管理人员到编写代码的开发人员或者协助用户查询信息的客户服务代表。因此，解决数据问题的最终关键不仅在于对某些要素的理解，也不在于简单地将每种核心要素放在适当的位置。它取决于领导力，因此不能简单地授权给IT专业人员或程序员。

数据促进了商业创新，颠覆了每个行业，并在业务的各个部分创造了新的机会，每一位参与其中的领导者基本上都有机会让数据为他们和他们各自所在的领域发挥作用。《竞争分析：取胜的新科学》（*Competing on Analytics：The New Science of Winning*）一书的作者之一托马斯·H.达文波特（Thomas H. Davenport）说："进入（市场）的障碍不再是技术，而是你的高管是否理解这一点。"

当你考虑这五个关键因素时，你会注意到领导团队在每一个方面都扮演着积极的角色。他们必须理解与解决方案相关的一些定义。他们需要与指定的数据主管合作，并确保他们拥有取得成功所需的工具。除非领导团队了解需要什么，否则错误的领导将被任命在错误的企业岗位上

（这两种错误可能都存在，或者只存在一种），最终导致数据价值无法交付。

数据战略的布局可能确实涉及每位领导者自己的责任范围。通常，最令人兴奋和最有影响力的数据案例不是来自数据主管，而是来自那些理解必要的关键战略和能做出企业决策的领导者。对这些事物缺乏理解可能导致错误的团队任命，以及毫无益处（尽管是好意）的企业文化。

请记住，获取数据是一项团队运动，如果被任命的数据主管没有展现出他们希望企业其他成员也具备的价值观和责任，就无法改变企业的文化。作为一个领导者，你是否牢牢地掌控着每个员工和团队成员的价值观、信仰和行为？

如今，企业需要善于分析的管理者，他们能够发现复杂数据中的模式和关系。他们还需要具备"理解能力"的高层领导，即能够花时间了解如何在"成功应用数据"中发挥自己作用的领导。这尤其应该包括被任命执行这一计划的数据主管，他是向你的企业交付改变游戏规则价值的直接负责人。

这本书将作为你和你的领导团队的其他成员的行动手册，以便你们所有人对此有一个共同的认识：数据能为你的企业做什么。这里描述的成功的五个关键要素可用来区分成功企业和失败企业。我在这一领域多年的深入研究和近20年的经验使我认识到这一点。

这本书的主要读者包括行政领导团队、精明的经理和数据计划负责人，他们都不是专业技术人员，所以这不是一本技术类的书。市场上有大量的图书，涵盖了算法构建、数据和云力学的广泛技术细节，那是为创建方程的数学家或开发人员或通过代码生产这些算法的技术团队编写的。

相反，这本书是一个战略指南，为管理学受众们提供了一个制定成功战略的关键性要求，即他们需要这样的商业领袖：他们对破解数据代码的可能性充满期待；他们能够敏锐地意识到数据在企业层面所能带来的益处；他们最终将从事这项工作，并将为企业做出实现成功所需的关键性决策。

如果你正在经营一家企业，那么这本书很适合你。如果你是首席财务官（CFO）、首席信息官（CIO），甚至是首席营销官（CMO），那么这本书也适合你，因为在你的企业中，你所有的人都将在运用数据的过程（无论成功还是失败）中发挥作用。如果你是一名经理，希望了解要与你的领导层分享一些什么样的数据，那这本书也适合你。如果你有幸牵头执行这项倡议计划，那就再合适不过了——这本书简直就是你的行动指南。

如果一个企业中只有一群才华横溢的数据科学家，而没有精通数据的组织管理者和领导者，那么它注定会失败。

下一代的行业佼佼者将不可避免地需要将数据科学和管理技能完美地结合。我写这本书就是为了告诉那些领导者，为什么他们应该将更多的精力用于如何使用数据，以及他们如何准备并执行一个成功的战略，以实现数据所带来的巨大利益。

我真诚地希望你能像我喜欢写这本书一样喜欢读这本书。破解数据代码将帮助你和你的企业更好地为客户服务、提高运营效率，更有效地创新、增加收入，等等。

换句话说，本书中概述的方法可以帮助你和你的企业实现战略目标。

第1章

解密数据

为了建立对数据的企业层面的理解，我们需要了解数据是什么，我们可以用它做什么，以及在哪里应用它。以上三点是建立对数据的全面理解的三个重要支柱。更重要的是，它们为如何利用数据创造价值奠定了基础。然而，我们面临的挑战是，数据世界增长太快，因此它充斥着太多复杂的术语，这使我们对这三个支柱进行理解变得非常困难。

2015年年初，我参加了一个关于大数据的会议。不久之后，我参加了一个人工智能峰会，然后年底我又参加了一个关于数据科学的晚会，巧合的是每场会议都有四个人发言。

不那么巧合但或许更有趣的是，每个演讲者在每种情况下的演讲几乎都没什么太大的变化。大多数情况下，每个人都做了完全一样的陈述，逐字逐句地展示了完全相同的幻灯片。这是否意味着大数据、数据科学和机器学习都是一回事？

通常，当你听到人们谈论数据时，你也会听到"大数据""数据科学""机器学习""物联网""人工智能"等术语。这些术语经常可以互换使用，尽管它们各自在发挥数据革命的真正潜力方面发挥着不同但都很重要的作用。

我当时领导着一个大约15人的小型工作室，我决定问问他们对这些术语的定义。在大多数情况下，他们笼统地表示这是一回事，这说明大多数关于数据的新术语没有被准确地理解。大多数人，包括那些自称专家的高管和个人，都无法告诉你这些术语之间究竟有什么区别。这使得高管们难以参与对话，导致企业聘用了不合适的员工，无法构建强有力的数据战略，也无法执行他们确定的战略。如果不知道这些关键术语之间的差异，你又怎么能理解如何最大限度地利用数据呢？

因此，我们必须首先为相关重要和流行的术语提供简明的定义。为了确保你能加入谈话，领导、经理甚至招聘代理，将需要花精力去理解和解释以下这些关键的术语：

- 数据；

- 大数据；

- 云计算；

- 分布式计算；

- 分析；

- 数据科学；

- 人工智能；

- 机器学习；

- 数据工程。

对于这些术语的定义，我们必须回顾一个案例：IT界选择用"挖掘"这个词来描述企业应该如何处理数据，我发现这是一个很好的类比。21世纪初，我在一家大型钻石开采企业牵头执行了五年的数据计划，我研究了开采矿产材料的高级价值链，其中包括四个重点领域：

- 原材料；

- 存储和处理；

- 处理程序；

- 在各种加工过程中使用的特殊技术。

为了说明数据中复杂的术语和定义，我大量借用了上述这些概念，并将它们直接应用于数据世界中的所有关键概念。处理数据就像开采钻石一样，必须将原始元素收获并存储在一个准备加工的位置，然后根据目的使用特定的技术，进行特定的加工。

本章中，我将深入探讨这四个类别中的每一个，以揭示复杂语言在企业数据计划（成功或失败）中所扮演的重要角色。这将使来自各行各业（从营销到招聘再到管理）的高管和非技术人员具备参与对话所需的知识。

原材料

在数据的价值链中，我们从最原始的材料开始，这里的原始材料就像在如今的商业场景中，任何来源于自然的有价值的产品一样。我们的原材料包括两方面："数据"和"大数据"。

理解数据

在所有这些术语中，"数据"这个词通常是最容易理解的术语。韦氏词典简单地将数据定义为"作为推理、讨论或计算的基础的事实信息（如测量数据或统计数据）"。

数据自古以来就存在；它以各种形式存在于我们周围。屋外树的颜色就是数据；刮风的时候，你感觉到的拂过脸颊的风的速度就是数据；海滩上水的温度就是数据。

所有这些都是由我们大脑存储和处理的数据形式。大自然也会储存和记录数据，记录过去发生的关键事件。树木年代学，即对树木年轮生长数据的研究，就是一个例子。最终，人类也开始存储和记录数据，从洞穴壁画、木雕和象形文字开始，迅速发展到书籍。最终，我们开始用数字的方式存储数据。

虽然捕捉数据的旧方法并没有消失，但今天的大多数数据都是以字节的形式被记录并存储在计算机中的，由二进制数字1或0组成的字节表达。计算机可以存储一系列类型的数据，如视觉图像、声音、文本和加密信息。正是这种数字组合带来的信息数据化，导致了数据获取量的大幅增加以及存储成本的迅速下降，进而导致了现在通常被称为"大数据"的爆炸式增长。

理解大数据

我们很难为"大数据"找到一个一致的定义。这个术语似乎已经演变成与数据相关的一切内容，包括收集、存储、分析或使用数据的一系列过程——因此你认为你能"制作"大数据。从我的角度来看，你不需要成为一名学者才知道你能不能"做"。

《牛津英语生活词典》（*English Oxford Living*

Dictionary）与我的想法一致，相对来说也更值得信赖。它将大数据定义为"可以通过计算分析来揭示模式、趋势和关联，尤其是与人类行为和互动有关的超大数据集"。尽管字典上有明确的定义，但由于"大数据"被滥用为营销流行语，该词词义被混淆的情况仍然盛行。

加州大学伯克利分校信息学院（UC Berkeley School of Information）的一个团队进行了一项简单的实验，这就是一个明显的例子。该实验旨在一劳永逸地回答这个问题："什么是大数据？"

人们本希望该领域的专家们能就数据的定义达成一致，然后大家都可以采用确定下来的定义，但遗憾的是，他们并未成功。我分析了43位专家的答案，发现了一些令人惊讶和有趣的事实。

大约10%的答案是相当有哲理的。例如，加州大学伯克利分校信息学院的迪尔德丽·穆里根（Deirdre Mulligan）将大数据描述为"无限的可能性或从摇篮到坟墓的枷锁，并取决于我们所做的政治、道德和法律选择"。来自佛罗里达的数据项目负责人德鲁·康威（Drew Conway）是这样定义的："大数据起初是分布式计算领域的技术创新，现在是一个文化运动，通过它，我们可以继续探索人类与世界之间的互动——人类彼此之间的互动——而且还是大规模的互动。"

　　笼统来说，研究结果表明，关于大数据究竟是什么，通常存在两种观点。一些人将大数据描述为一种活动、一种方法或一个过程，而另一些人则将其描述为一个事物、一个项目或一个实体。

　　约33%的定义将大数据描述为一种活动。我举了几个例子，首先是企业家，领英（LinkedIn）前首席执行官彼得·斯科莫洛奇（Peter Skomoroch），他写道："大数据最初描述的是消费互联网行业将算法应用于越来越多的不同数据中，以解决用较小的数据集无法获得最佳解决方案的问题。"

　　数据工作者菲利普·阿什洛克（Philip Ashlock）说："虽然数据这个词的使用是相当模糊的，常被用于其他目的，我理解的'大数据'是混乱的分析数据，或者你根本都不知道如何提出正确的问题或怎么提问——分析可以帮助你找到模式、异常或存在于原本混乱或复杂数据点中的新结构……"

　　最后一个例子来自希拉里·梅森（Hilary Mason），她是机器学习研究公司Fast Forward Labs❶的创始人，她将大数据描述为，"收集信息和查询信息的能力，这样

　　❶　中文直译为"快进实验室"。——编者注

我们就能够了解世界上以前我们无法了解的事情"。

对于这些专家来说，大数据是一个过程，包括数据的收集和分析以及算法的应用。用这种方式描述大数据是没有用的，因为人们可能会问："如果大数据是一个过程，那么分析、机器学习和数据科学又是什么？"

剩下53%的专家对大数据的描述是表面化的：大数据就是数据，只不过是大量数据组合在一起而已。谷歌的首席经济学家将大数据描述为"标准关系数据库无法轻易容纳的数据"。加州大学伯克利分校信息学院讲师安妮特·格雷尼尔（Annette Greinier）将大数据描述为"包含了足够多的观测数据，由于其庞大的规模，我们需要非常规的处理方式"。

我的观点与加州大学伯克利分校的研究中53%的专家观点是一致的。大数据不可能是一个过程，它仅仅是大量的数据——关于活动、事件、环境或情况的过量数据。销售数据、事故记录和温度都是数据。它可以包含一直存在的定性或定量的可变因素，只是如今有更多的可变因素被捕捉和存储。

"数据"和"大数据"是唯一可以互换使用的术语，因为它们实际上是同一个意思。"大数据"一词能与现在可用的海量数据相对应。因此在本书中，你会看到我更多地使用"大数据",而不是"数据",因为数据量将不可避免地继续增长。然而,"大数据"一词不仅仅强调产生的数据量。为了抓住大数据的真正本质,我们必须承认如今数据的其他"大"的属性。

大数据的三个属性

高德纳(Gartner)咨询公司分析师道格拉斯·莱尼(Douglas Laney)对大数据进行了更多维度的描述,近年来引起了广泛关注。他用三个词来描述大数据的属性:

- **数据量**,数据的数量;
- **数据类**,数据类型和来源的范围;
- **数据速**,数据输入输出的速度。

自从他定义了这些属性之后,一系列其他的属性也被引入,但它们只是增加了本应简单而简明的定义的复杂性。因此我将专注于理解莱尼最初定义的三个属性。

数据量

数据的量,指的是产生的数据的量。当今世界上90%的数据都是在近几年产生的。各个组织都充斥着数据,很容易积累成万亿字节的数据,这些数据无法放入标准的机器或传统的数据库中,也无法像十几年前那样被分析。今天，由于各种因素的综合作用，包括数据存储成本的下降、容量的不断增加（根据克拉底定律，全球数据的量每两年翻一番）、新的应用和技术，以及人类一般行为的变化，越来越多的数据正在被捕获。我们几乎所有的日常活动和彼此之间的一般互动都是通过某种处理器进行的。

在此基础上延伸，随着物联网的发展——日常事物具备的网络能力，使它们能够发送和接收数据。无处不在的设备，如安全摄像头、手持扫描仪、平板电脑、移动电话、无线传感器和许多其他设备正在捕捉大量的数据。随着捕获和存储数据的负担为技术所减轻，我们将继续看到传输和存储的数据量的爆炸式增长。这种不断增长的数据量包括不断增长的各种数据。

数据类

对我来说，我们现在可以获取的各种数据是大数据最令人兴奋的方面之一。它以非结构化文本文档、图像、音频和视频的形式出现——这意味着我们现在可以获得很多以前无法获得的东西。捕捉范围的扩大从根本上改变了行业，颠覆了传统商业，甚至挽救了生命。

以普普通通的尿布为例。它的功能一直是让婴儿在不弄脏他们的外套或污染外部环境的情况下小便。关于婴儿尿液的频率、颜色和气味的数据（或事实、信息和证据）已经在医疗环境中被应用，但很难在家中实时捕捉。随着当今传感器技术的进步，这些数据可以被收集，从而通过分析尿液实时诊断婴儿的疾病，告知他们的父母婴儿的水合水平和肾脏健康等情况。

通常，像这样的数据属于"机器生成的数据"的范畴：工业设备的数据，例如，最新一代飞机在一次跨大西洋的飞行中产生的几万亿字节的数据，或来自你的智能手机或心率监测器的传感器上面的实时数据，更不用说从数以百万计的闭路电视摄像头和网络日志跟踪用户的网上行为的数据。

而且，我们将越来越多地利用这些数据。我们使用设备来监视我们的一举一动——身体锻炼、开车，甚至吃饭和睡觉。我们跟踪这些数据，并比以往任何时候都更容易地分享它们。我们也在分享我们的感受和生活中的关键时刻。

我们捕捉和共享各种各样的数据十分频繁，结果是我们为大数据的第三大属性——数据的速度做出了贡献。

数据速

最后的属性也就是数据的速度。这包括脸书用户每天上传的超过9亿张的照片，或者海量的推文、状态变化、上传视频、即时消息，甚至是在任何给定时期内发生的信用卡交易数量。

在任何时刻，全世界数百万人都在生成数量惊人的数据。我发现，IBM（美国国际商用机器公司）在2013年做出了最好的估计。他们声称，每一天，我们创造超过2.5艾字节（exabytes）的数据——19位数的天文数字！这还只是几年前的统计数字。这应该会让你对数据创建的速率有一个很好的了解。

我们所做的很多事情，以及我们与他人的许多互动，都是通过某种形式的技术、数字过程或社交媒体上的交流来产生数据的。数据以惊人的速度产生，数量惊人。

尽管在之前提到的研究中，许多专家将大数据描述为一种捕捉、处理和分析数据的方法，但我依旧认为，大数据是必不可少的原材料，是一种在"收集、处理和分析"的过程中使用的原材料。

为了处理这些原材料，我们需要新的技术对其消化、存储、加工、归档，并在某个时候重新检索它们。

存储和处理

我们面临两个挑战：在哪里存储如此大量的数据，以及如何对其进行计算。因此，下一类要谈论的术语是与存储和处理相关的术语。

数据流以前所未有的速度涌入，必须及时处理。传统的静态方法无法管理速度如此之快的数据。构建生产系统来捕获和存储这些数据需要一套不同的技术，以及一套新的系统来检索这些数据并在复杂的实时计算中使用它们。射频识别标签（RFID）、传感器和智能计量满足了实时处理数据洪流的需求。

在20世纪70年代，我们需要大型的中央主机系统来进行计算和存储数据。当个人计算机开始流行时，我们可以聘请数据处理公司提供服务，他们有自己昂贵的专门从事"数字运算"的计算机系统。今天，我们可以自己完成许多大型机的工作。计算、探索和分析都可以在我们的桌面上用现成的软件轻松完成，而且存储大量数据的工具每年都变得越来越便携。支持阿波罗无人登月计划的工具的计算能力还不及一台袖珍计算器，想想都让人害怕。如今，手表的功能要比原来强大得多。

然而，仅仅依靠台式机存储和运行大数据规模计算的能力，我们已经不能应对互联网的崛起和数据的指数级增长。对于在哪里存储和处理数据这两个挑战，今天的答案分别是云计算和分布式计算。

云计算

云计算对不同的人意味着不同的东西。对一些人来说，这只是"IT外包"的另一种说法。有些人使用这个术语来指代通过网络提供的任何计算服务，还有一些人将其定义为防火墙之外的、任何买进的计算机服务。云计算很简单，它不是把所有的计算机、硬件和软件都存储在你的计算机或你公司的网络上，而是由另一家企业通过互联网以一种朦胧的"云"形式为你提供服务。

云计算的目标是在现收现付或订阅的基础上交付托管服务，节省资源和成本。通常，你购买云计算服务的方式与购买电力、电话服务的方式并无差别——同样地，你也可以购买尽可能多或尽可能少的云计算服务，以满足每天的需求。如果你的需求是不可预测的，这很好：你不必购买自己的巨型计算机系统，当你不使用它的时候，可以让它待在那里什么也不做。你不必担心需要购买无数的许可来处理软件并使它们保持最新。你也不需要担心病毒会感染你的电脑，或者备份你创建的文件。

云计算使你能有效地存储和处理大量数据，因此你可以只专注于你的工作，而将提供可靠的计算支持交给其他人来处理。

一般来说，有三种不同的云计算。

基础设施即服务（IaaS）指把IT基础设施，如服务器或存储器，作为一种服务通过网络对外提供，并根据用户对服务器的实际使用量或占用量进行计费。换句话说，这就是按需购买，随用随付，所以通常也被称作效用计算。

软件即服务（SaaS）指平台供应商将应用软件统一部署在自己的服务器上，用户可以在他人系统上运行应用程序。如谷歌分析（Google Analytics）、Kissmetrics和Mix Panel等分析软件都是著名的软件即服务提供商，提供各种在线分析的应用程序。

平台即服务（PaaS）指把服务器平台作为一种服务提供。供应商提供基于网络的应用程序开发工具，并在其提供的系统软件和硬件上运行。您可能会创建自己的电子商务网站，但整个服务，包括但不限于购物车、支付机制和售后服务，都在商家的服务器上运行。比如博客系统（WordPress）、苹果云（App Cloud）和谷歌应用引擎

（Google App Engine）等服务器都是平台即服务的例子。

分布式计算

如今处理大量的数据带来了与存储大量数据相同的挑战——传统方法已经无法解决。根据不同的数据量，对计算机上的大量数据进行计算可能需要数天甚至更长时间。一种解决方案是减少计算中使用的数据量。然而，更多的数据会增加大多数算法的效率和效力，因此，这种方法并不可取。

于是我们就需要找到更智能的解决方案，比如利用多台计算机的能力。从最简单的意义上说，这就是分布式计算。

分布式系统由两台或两台以上的自定向计算机组成，它们通过网络进行联系，利用每台计算机的本地存储器来实现一个共同的目标。这些计算机可以联合起来解决一个大问题，把它分解成几个任务，让每台计算机单独处理某部分工作。

对于普通用户来说，分布式计算系统是一个单一的系统。然而，内部分布式系统连接到几个节点，每个节点执行指定给自己的计算任务。

让我们从用户的角度来考虑谷歌浏览器。当用户提交一个搜索查询时，他们登录谷歌浏览器并搜索所需的词条，显然使用的是一个单一的系统。然而在幕后，几个系统正在一起工作来完成这项任务。谷歌拥有分布在不同地理位置的多个服务器，它们在几秒甚至几毫秒内提供搜索结果。这就是分布式计算技术。

其优势显而易见：分布式计算系统的计算能力超过中央计算机，甚至超过大型中央计算机。此外，它们保证了增量增长，使得企业可以根据需要添加软件、增强计算能力。反过来，它提供了比中央计算机更好的性价比，因为添加微处理器比购买大型机更经济划算。然而，许多组织并没有通过购买一系列计算机来创建一个分布式网络来运行计算，而是选择利用云计算及其提供的一切，这使其成为当今数据的"首选"存储和处理平台。

现在，你可以在基于云计算的基础设施上存储大量数据。你可以使用软件即服务程序对这些数据进行一系列计算，还可以构建自己的产品，比如营销人员使用平台即服务访问客户数据的工具。

处理程序

我们已经对数据以及存储和处理数据的方式有了深刻

的理解，那么让我们把注意力转向数据的实际处理过程。我们需要理解什么是分析、数据科学和人工智能，以及它们有何不同。

要理解一个过程，首先要了解该过程要实现的目的，或者"原料"经历这个过程之后最终的"成品"。搞清楚成品的功能和用途有助于我们知道应该将原料放入哪个过程。

以钻石开采业为例。钻石因其美丽和光泽而被广泛用于珠宝首饰中。然而，大多数钻石被用于工业。由于钻石（也就是金刚石）是人类已知的最坚硬的物质之一，许多钻头或切割刀片的尖端和边缘都有小钻石。钻石还能抵御化学物质的侵蚀，并能导热，这就是为什么它们也被用于制造战斗机的红外窗口以防刮擦；由于钻石的导热特性，它也被用于制造散热器以及X光机。对于这些用途中的每一种，钻石所经历的过程都是完全不同的。数据也是如此。

那么，数据的成品、功能和用途是什么？数据可能有许多不同的用途，但在最简单的形式中，数据的最终用途是产生信息，并为决策者提供信息。

让我们分析几个例子。脸书在其新闻推送中使用了一个著名的算法，叫作"边缘排名"（Edge Rank）。开发该算法是为了就每个用户的新闻提要中出现哪些新闻这一问题进行决策。该算法会抑制所谓的"无聊"新闻，所以如果你的新闻没有特定的边缘排名，就没有多少人会看到它。

以亚马逊的"搜索推荐"功能为例，我们从两个角度来看待决策过程。一个角度是，它帮助亚马逊决定向每位顾客推广哪些产品，从而使他们在访问网站时最大限度地丰富其购物车。另一个角度是，它为购物者提供了有关他们可能感兴趣的其他产品的有用信息，这些产品通常与他们已经选择的产品一起被购买。

在生活中，我们每天都在收集数据，将其作为我们做决策时使用的信息。这就是那些成功使用数据的企业理解数据（尤其是大数据）的用途的一个关键方面。

例如，谷歌的高级研究科学家丹尼尔·吉利克（Daniel Gillick）认为，大数据中的"大"指的是人们决策方式的巨大变化："'大数据'代表了一种文化转变，越来越多的决策是由具有透明逻辑的算法做出的——基于记录的、不变的数据例证。"考虑到这一点，本节讨论的关键问题是，如果数据分析、数据科学和人工智能都是用来促进决策效率的，那它们的流程有何不同。

这些区别对于每个经理或领导者来说都很重要，因为我们现在生活在一个由数据驱动的世界，这些流程正在改变一切。从本质上说,这些流程让数字科学、数据和分析发现发挥了作用,让我们产生了对一些问题的见解和答案,进而从根本上改变了我们的决策,这些见解和答案可能是我们从未想过要寻求的。

分析

数据分析的过程是计算、研究和数学技术在发现、解释和交流有意义的数据模式时的应用。这些模式形成了有价值的见解,为决策制定提供了信息,并可用于发现其相关性和模式,减少了人们对猜测或直觉的依赖。

19世纪50年代,弗洛伦斯·南丁格尔(Florence Nightingale)通过记录和分析她在医院和卫生改革运动中的死亡率数据,为关键决策的分析提供了一个早期的案例。南丁格尔想知道卫生服务和护理在(减少)死亡率中所起的作用。作为分析的先驱者,她知道仅凭直觉是无法帮助她改变政策的,但对冰冰冰的硬数据的分析可以揭示出无可置疑的相关性和模式。

分析可以帮助我们更好地了解:

- 某种情况下发生了什么;

- 为什么会发生这种情况;

- 未来可能会发生什么;

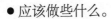

- 应该做些什么。

某种情况下发生了什么

尽管我们在最近的大数据出现之前就已经使用了分析方法，但将大数据和数据科学应用于这种类型的分析的工作已经变得越来越复杂，我们拥有的数据越多，就越能更深入地了解正在发生的事情。有了大数据，我们可以监测事情的发展，收集实时数据并立即进行解释，我们据此能够更快地做出反应，或决定将注意力集中在哪里。以一家销售电子设备的企业为例。在他们的月度报告中，他们发现月底个人计算机的销量大幅下降，但其他任何产品的销量都没有相应的下降。通过对实时数据的分析，很明显，只有在下午5点之后，销量才会明显下降。大数据让人们迅速洞察到正在发生的事情，其详细程度缩小了人们需要调查的范围。

利用这些数据，你可以依照现实世界构建模型，在这个竞争激烈的商业时代，模型越接近现实，你就越能够比你的竞争对手获得更好的回应市场的机会。

为什么会发生这种情况

知道发生了什么固然好，但理解发生的原因就更好了。大数据帮助我们有效了解了根本原因，揭示了事物之间意想不到的关系。继之前关于下午5点后个人计算机销量下降的例子之后，该企业利用额外的数据来源（如交通和条例数据）来进行大数据分析，从而发现在当月的几天，通往停车场的主要通道在下午5点后会因固定时段的道路工程被堵塞。这表明，下班后开车来的潜在个人计算机买家无法进入停车场。

有了来自许多不同数据点的大量数据，人们可以比以往任何时候都能更详细地识别和检查不同变量之间的关系。事实证明，这在许多情况下都是有利的。企业发现，调整一个变量有意想不到的效果——好的结果和坏的结果。将这种"为什么会发生"的分析，与"发生了什么"的分析结合起来，有助于更准确地预测接下来可能发生的事情。

未来可能会发生什么

大数据的一个关键结果是通过模拟来预测接下来可能发生的事情。预测分析并没有告诉我们将来会发生什么，因为没有分析就不可能做到这一点。然而，通过研究历史数据和识别洞察力、趋势和模式，我们可以对某件事发生的可能性做出估计。

你拥有的数据越多，你的模型对成功率的预测就可能越准确。此外，你拥有的数据变化越多，就越容易确定影响你试图预测的变量的因素范围。通过识别它们并将它们分层放入机器学习的模型中，关于未来可能出现什么结果的完整图景就会浮现出来。

应该做些什么

　　最后，许多成功破解数据代码的企业使用的可能是最先进的分析形式：说明性分析。我们将在后面的章节讨论更多的细节，说明性分析可以帮助企业在给定的场景中确定最佳的行动方案——在某些情况下，这些操作流程可以自动运行，不需要人工干预。这是多么令人兴奋的事情！

数据科学

　　数据科学本质上是一种更高级的分析形式，通常用于适合自动化的决策。因此，相对于分析而言，它需要更多样化的技术来处理数据的自动移动、分析和展示。这意味着数据科学难免会比分析学更具技术性、更昂贵，它需要用到分析学中的所有知识，尤其需要用到软件工程和技术能力方面的知识，通过生产就绪（Production-ready）的自动算法来处理和操作大量数据。

并不是每个决策都可以通过数据科学来实现自动化和改进。因此，一定要确保使用数据科学做出的决策具有正确的特征，这点是很重要的。这些正确的特征包括：

- 具有可重复性；

- 具有复杂性；

- 具有可衡量的业务影响。

具有可重复性

为不可重复的决策构建数据科学解决方案时，就会导致冗余，从而降低效率。因此，为不可重复的决策使用昂贵的数据科学处理是没有价值的。企业可以通过以下几个问题来测试决策的可重复性：

- 需要在什么时候做出决策？

- 在做出决策后，同一类型的信息是否会被再次考虑或分析？

- 针对不同的决策可能采取的行动是否具有持续性？

- 决策的结果是否可以根据业务的结果被持续地衡量？

以亚马逊的推荐引擎为例，在用户往购物车添加商品后，该引擎会向用户提供额外的商品推荐。通过上述问题的实践，我们得到以下信息：

- 是的，每次有人往购物车添加商品时，推荐引擎就会做出这个决策；

● 是的，分析客户的历史记录、当前购买情况和其他用户以前的订单，以确定要提供的额外商品；

● 是的，报价都是针对现有目录中的产品；

● 是的，成功很容易被定义为这样的商业成果：增加购物车的商品数量以及销售额。

需要注意的是，像所有事情一样，决策也会随着时间的推移而改变。并不是说有了用于评估决策可重复性的标准，系统推荐的决策行为就不能改变。随着时间的推移，随着改进的出现，将新的行为定义为标准决策而淘汰旧的行为是完全可能的。

具有复杂性

正确决策的第二个特点经常被误解。例如，许多人强烈反对交叉销售，质疑这种模式是否过于复杂，坦率地说，在这里你最有可能遭遇人类的傲慢。

看似简单的决策可能掩盖其高度的复杂性。例如，以一个慈善机构为例，它必须决定在新的公关活动中添加什么样的图片，以使他们收到的捐款总额最大化。有些人可能会说，如果慈善机构的服务对象是孩子，那么任何一张孩子的照片都可以。但市场情绪应该是积极的还是消极的？孩子的性别或种族会影响捐款吗？这些都属于复杂的决策——进行这些决策需要在很多领域都具备大量的经验，需要对社会不同群体的细微差别进行深入了解且具备敏锐的意识，这样才能确保你的业务电话打给有效的目标人群。

重要的是要认识到，由于运用数据科学进行处理需要投入大量的时间和金钱，只有当所讨论的决策高度复杂，无法运用其他方法更加经济高效地进行决策分析时，企业才会看到投资回报。

通常情况下，以下这些都是好的驱动因素，它们构成了复杂决策的"经验法则"：

- 政策法规；

- 对相关领域的知识要求；

- 需要分析大量的变量；

- 需要对许多可能出现的结果进行选择。

然而，与可重复决策不同的是，复杂决策不需要包含上述所有的驱动因素。这些驱动因素中的任何一个都足以将一个决策正确地归类为复杂决策。同样，如果决策只有略多于一个的标准——比如，如果它只需要相关领域知识、一些变量，或只需要考虑部分结果——那么这也可以看作是复杂的决策，因为它是各种因素的结合。

具有可衡量的业务影响

由于数据科学处理的成本相对较高，所以在使用它之前，花时间了解潜在的投资回报是很有必要的。可重复的决策和复杂的决策都可能带来投资回报，因为它们将在未来频繁地被重复。对于复杂的决策，定义不明确的决策方法很可能导致低质量的结果。因此，引入数据科学处理所带来的影响应该是相对明确的。

然而，仅仅具有复杂性或可重复性是不够的。决策必须具有可定义的、可衡量的业务影响。错误决策的代价和正确决策的价值都应该是显而易见的。

人工智能

"人工智能"可能是这个时代被滥用最多的流行词。提到"人工智能"这个词，投资者、记者或潜在的员工可能会竖起耳朵。它的知名度飙升，不仅是因为它在科幻电影中很受欢迎，其原因还包括计算机能力的进步、大量数据、新技术以及各种各样的成功案例，当然还有重新获得的资金投入。

人工智能本身并不新鲜。1956年，它正式成为一门学科，当时的主张是，人类智能（也被称为"自然智能"）可以被传授给机器，然后机器可以模拟人类智能。人工智能的传统目标包括建造一个机器：它能够实现推理、认知的表达、学习、自然语言处理、感知，且具备移动和操纵物体的能力。

进一步展开来讲，了解人工智能最简单的方法是在模拟人类行为的背景下对其进行思考。人类通过听和说来进行语言交流；在人工智能的世界，也需要具有语音识别功能的机器。我们也可以用一种语言进行书写和阅读文本；在人工智能中，这属于自然语言处理的领域。我们可以分析输入（的数据、信息）——这属于计算机处理的领域；我们通过眼睛识别周围的场景，并对我们所在世界的图像进行识别——这属于图像识别的领域；我们可以理解我们的环境，可以自由地移动——这属于机器人工程的领域；我们可以看到模式并对相似的物体进行分组——这属于模式识别的领域。

人类的大脑是一个神经元网络，我们用它来学习或记忆过去的事件。随着人工智能的发展，一些技术被用来复制这个网络，并在机器中模拟这种认知能力。这是一个新兴的"神经网络"领域，随着它变得越来越复杂，它将使我们能够学习越来越复杂的东西，这被称为"深度学习"。

然而，如今人工智能的过度使用使人们对其应用范围产生争议，其中一个主要原因是人们缺乏对机器学习的理解。当人们把机器学习理解成一种技术时，分析、自动化决策（数据科学）和模拟人类智能过程之间的自然分界就变得清晰起来，因为这些过程中的每一部分都可以将机器学习作为一种技术来实现自己的特定目标。

具体的技术

到目前为止，我们已经讨论了分析、数据科学和人工智能这三个过程，但实际执行这些过程所使用的技术是什么呢？

我们必须充分了解的关键技术是统计和机器学习。我们所讨论的三个过程都可以使用这两种技术，并取得惊人的结果。让我们详细谈论这两种技术。

统计学

统计学是数学的一个分支，它负责处理数据的收集、分析、解释、展示和组织。统计学在所有数据处理过程中都非常重要，无论是在分析、数据科学还是人工智能方面。数据分析中有四种主要的统计方法：描述性统计、推论统计、规范性分析和假设检验。

描述性统计

描述性统计是统计学最基础的分支。它被用来建立模型，分析历史趋势和识别相关模式，以洞察数据主体（在统计语言中被称为"总体"）的潜在行为。通常在理解"发生了什么"这个问题时使用，描述性统计是最简单的统计形式，也是日常工作中最常用的分析形式。

推论统计

数学统计上的推论主要基于概率论，它处理的统计模型主要是用于确定发生某种情况的概率或某个决策的未来结果。这其中还包括统计测试，是许多数字企业提供的一种重要服务，通常被称为"假设检验"（下文将进一步阐述）；它用于预测出现某个事件或结果的可能性，基于两个或更多的"数据主体"之间的比较。使用前面讨论的标准，推论统计（也称为"预测分析"）能帮助人们找到"可能会发生什么事情"这个问题的答案。

基于推论统计的推论模型通过提供对未来事件可能性的全面描述，使决策者能够做出明智的决策。

规范性分析

规范性分析是非常复杂的分析类型，通过优化和模拟来探索一组可能的选项，并在特定情况下给出最佳行动方案的建议，它能帮助人们找到"应该做什么"这个问题的答案。它不仅通过显示选项和比较行动的可能结果来实现这一点，而且还就未来行动对关键业务指标的影响给出指示，并找出推动业务目标的最佳行动方案。这些模型本质上通常是非常复杂的。然而，如果正确实施，它们可以对公司决策的有效性和底线产生重大影响。

假设检验

这是一个标准的统计程序，涉及测试两个统计数据集之间的关系，或一个数据集与从理想模型中提取的合成数据之间的关系，对两个数据集之间的统计关系提出一个假设，并将其作为理想的虚拟假设❶（即两个数据集之间没有关系）的替代方案进行比较。拒绝或否定这个虚拟假设是通过统计测试来完成的，这些统计测试根据测试中使用的数据，对"证明虚拟假设为误"的意义进行量化。

---

❶ 在经典假设检验中，我们把某个假设当作真的，只有在数据能够提供足够的证据时我们才能否定它。——译者注

机器学习

机器学习是一套无须显式编程就能让计算机进行学习的技术。其大体思路是，我们不是指示计算机做什么，而是把数据和问题扔给计算机，让计算机自己利用数据解决问题。这与编程的"规则"不同。美国计算机科学家汤姆·米切尔（Tom Mitchell）凭借其在机器学习和人工智能领域的贡献而闻名，他为机器学习提供了一个全面的定义："一个计算机程序，它通过执行一些任务T来学习到一些经验E，它的表现用P来衡量；它在任务T中的表现（用P衡量）随着经验E的增加而提高。"

换句话说，如果一个计算机程序能够利用之前的经验来理解什么有用，什么没用，从而改进它完成或执行一项任务的方式，那么你可以说机器已经进行了学习。这与能够执行任务的程序非常不同，因为执行任务所需的所有参数和数据都已经定义好了。

"机器学习"一词最早是由人工智能领域的先驱之一阿瑟·塞缪尔（Arthur Samuel）于1959年提出的，他最著名的创举是在计算机西洋棋（国际跳棋）方面的开创性工作，这可以说明什么是机器学习。他编写了一个程序，让自己和电脑下西洋棋，在此过程中（通过编程）教给电脑正确的走法。起初，每次他都能赢。计算机似乎并没有在学习，所以他编写了一个计分函数，在给定的棋盘布局中，对每走一步棋之后导致赢盘和输盘的概率进行计分。计分函数考虑的是两边棋子的数量，王棋的位置以及如何将军。他还设计了各种机制，使这台计算机变得更好，让它跟自己下棋，从中收集更多数据（或获得更多经验），有效地学习和提高预测的准确性。

教给计算机一套简单的规则，以及对获胜方案的理解能力，会让计算机突然变得更难打败。阿瑟·塞缪尔创造了一个机器，在一项任务中向机器传授知识，使它超越了人类自身的能力——利用它之前的经验改进了它执行任务的方式，并获得了足够的技能来挑战一个受人尊敬的业余爱好者。这就是机器学习。

机器学习可以分为三大类："有监督学习""无监督学习""强化学习"。

有监督学习

有监督学习指的是向计算机展示由"老师"提供的输入示例和后者期望获得的输出结果，目的是学习将输入映射到输出的属性条件。一旦机器接受训练，它就会得到新的、以前从未见过的数据，算法会根据过去的经验来理解结果应该是什么。

无监督学习

无监督学习指的是没有给出学习算法的任何标签，让计算机自己找到输入信息的结构。计算机不会被告知这些数据代表什么。有了足够的数据，计算机就能发现数据结构中的模式。我喜欢拿听数百小时的外语广播来举例。你的大脑会开始形成一些模式，你将开始在特定的时间期待听到某些特定的声音。如果你看了一部用同一种语言呈现视觉信息的电影，你的大脑会有效地标记这些数据，你就能显著地更快地学习语言。这是无监督学习的关键。一旦处理了未标记的数据，就不需要用很多已标记的数据实例来理解发生了什么。在当今的世界，我们有很多未标记的数据，而已标记的数据则更少见，更难以处理。

强化学习

强化学习与无监督学习类似，因为在这一过程中很多数据之前也是没有被标记的。然而，当一个计算机程序与一个动态环境交互时，它必须在这个环境中执行某个目标，其结果会被评估和分级。例如，计算机在学习玩某个游戏时，"老师"告诉机器它是赢了还是输了。导致获胜结果的步法会作为有效步法得到强化。并且，在无监督学习中，经过多次游戏以及对实现特定目标的有效步骤的不断强化，就可以得出获胜策略。

把它们放在一起

在当今世界，数据可能是一个短暂且被误解的概念。然而，通过我们前面阐明的术语，我们可以更好地理解数据的三个支柱。

数据是什么

无论你谈论的是大数据或者仅仅是数据，它们都是以各种形式记录下来的事实信息。这些事实信息不局限于测量和统计，也不局限于销售和利润；它们包括图像、图片、声音、行为，等等。大数据指的是这种情况：捕捉到的信息量正在显著增长。我们用来描述我们所捕捉到的事实信息的数量或事实信息的多样性——从图像和声音到行为和感觉——都是巨大的，或者简单地说，很大。

数据能做什么

数据被捕捉后，会经过一个以数据处理为目的的系统。

这些处理方法及其相应的技术都有助于我们利用所捕获的数据。分析的一般目的不同于人工智能的目的，但它们都可以被归结为五个方面，它们可以帮助你了解这些目的。它们可以帮助人们建立对"发生了什么"以及"为什么发生"的复杂理解。当我们提高了技术的复杂性时，数据可以做出预测，告诉我们"将会发生什么"，并规定我们在特定情况下"应该做什么"。分析还在完全自动化的决策制订这一领域发挥作用，数据可以用来帮助人们自动理解发生了什么、理解为什么会发生、预测可能发生什么、制订解决方案并自动执行所选择的解决方案。

数据是用来做什么的

回想一下绪论中的内容，你会发现数据可以为所有行业的所有业务带来价值，数据领域的成功并不只属于美国西海岸的大型科技巨头。但是，如果仔细观察每个成功使用数据的实例，你可能会注意到一些有趣的事情：数据只有一个用途。

想想我们经常提到的三大巨头：例如，脸书的新闻推送算法可以作为著名的数据成功案例之一；谷歌可以根据搜索结果排名进行页面排名；亚马逊可以利用它的推荐引擎。在每种情况下，数据都被用于决策。在脸书上，边缘排名算法可以帮助商家决定哪些内容将被推送——自动推送。在谷歌的网站上，页面排名算法会自动给出决策：决定提供什么内容以及用户特定搜索词的顺序。在亚马逊的网站上，它的推荐引擎自动决定将哪些产品推荐给每个客户。

由于这一点很重要但经常被忽视，我将使用更多的例子来说明我的观点。先进的运动员支持团队能够预测和预防伤病的发生，以延长运动员的运动寿命和提高其赛绩；这个分析被用来决定一名运动员应该接受什么样的训练计划，他们应该训练多长时间以及多久训练一次。卫生和医学界正在使用预测性数据算法来识别某些疾病的发作，如抑郁症；这一分析被医疗从业者用来决定何时主动干预患者，以防止疾病的发生，它与传统的、昂贵的、资源密集型的反应性方法形成鲜明对比。

简单地说，每次有效地使用数据都是为了做出决策，但不局限于内部决策。考虑到之前亚马逊的例子，推荐引擎起到的作用是帮助人们决定提供什么产品，但从客户的角度来看，它也有助于客户做出购买其他产品的决定。因此，重要的是要理解：决策的范围并不局限于内部决策，而是影响企业战略目标的整个决策领域。

有了这种层次的理解，企业中的关键个人就能更好地参与数据对话，并更有效地使数据发挥作用。有了这个基础，我们就可以转向破解数据代码的下一个关键：数据主管。

第 2 章

你的数据主管

最近，企业一直在努力解决谁拥有数据的问题。辩论包含以下问题（和重要的观点）：

- 数据拥有者应该待在企业内部，还是待在外部以保持客观性？
- 数据拥有者的级别应该有多高？
- 数据拥有者应该拥有什么头衔？
- 数据拥有者对企业战略应该有多大的访问权限？
- 数据拥有者应该向谁负责？
- 数据拥有者需要做什么？
- 除了数据主管，我们还需要发挥其他作用的人吗，比如专注于创造价值的人？

这些不确定性导致企业在关于"如何最好地定义数据

主管在一个企业内部的关键作用"这个问题的决策上缺乏透明度，这是许多"数据拼图"未能完成的原因。

本章通过解释"为什么拥有一个数据主管不仅是有益的，而且是至关重要的"来解决这些问题。然后我会告诉你，这个职位有望给你的企业带来什么，更重要的是，一个人应该具备什么样的品质才能胜任这个职位。

为什么你需要一个数据主管

令我惊讶的是，在当今由数据驱动的经济中，一些企业仍在问是否需要首席数据官或首席分析官（这两个头衔通常属于该企业的数据拥有者）。我经常听到这样的话："我的企业需要一个完全致力于从数据中产生价值的人吗？"

我给出的明确答案是"需要"——除了少数例外，你绝对需要有人专门来处理数据，如果你想让真正改变游戏规则的价值承诺得以兑现。

企业之所以需要数据主管，主要有以下三类原因：

- 研究表明，优秀的企业业绩与强大的数据领导力之间存在很强的相关性。
- 拥有强大的数据主管的企业开始能够发现价值。

● 从技术组件和团队到业务管理和文化挑战，需要有
人协调所有的可变部分，以实现价值驱动的数据。

尽管这些企业中有许多真的希望利用数据来获得竞争
优势，但缺乏数据方面的专门领导人员是它们失败的关键
原因之一。事实是，商业的动态本质、在竞争中保持领先
地位的需要，以及行业中的许多干扰，都迫使许多企业重
新审视决策的制定方式，并利用所有可用数据的价值，将
信号从噪声中分离出来。

在与许多领先企业的合作中，我发现，要从过剩的数
据中产生价值，一个专门的数据拥有者的角色是绝对必要
的。扮演这个角色的人应该鼓励、促进和驱动成功破解数
据代码所需的所有行为。

一位知名的技术研究人员进行了一项调查，结果发
现，在其定期调查的约3000家企业中，有45%的企业已
指派专人监管其数据战略，另有16%的企业计划在一年内
这样做。

收入增长超过10%的、业绩较好的企业，更有可能
在其组织结构图上配备这个职位，这表明强大的数据领
导力与企业业绩之间存在相关性。当然，相关性并不代
表因果关系。在撰写本书时，你在优步（Uber）或网
飞（Netflix）的管理团队中还找不到扮演这种角色的主

管，因为挖掘数据价值从一开始就融入它们的战略。因此，虽然你可能认为，就算企业中没有专人扮演数据拥有者的角色，也可以利用数据为自己服务，但你难道不想获得更大的成功概率吗？

成功利用数据获得改变游戏规则价值的企业认识到，数据领导力至关重要。领英产品营销负责人拉塞尔·格拉斯（Russell Glass）说得最好："对数据和分析感兴趣的企业领导者是无可替代的。"无论你所在的团队是初创企业的三人团队，还是大型企业的20人团队，这句话都是适用的。

由于人们越来越认识到数据的价值和技术的复杂性，企业正意识到强大的数据能力至关重要，它们不可避免地需要强大的领导力。因此，尽管企业内仅仅拥有这样一个角色并不能保证成功，但结果表明，要想在市场竞争中不被淘汰，拥有清晰的数据领导力是走向成功不可或缺的因素。

如果没有一位充满激情和富有技巧的领导者，即使是最好的数据科学家在数据方面做出了最大的努力，企业也会陷入困境。强大的数据团队是成功的推动者，但仅凭他们自己是无法交付价值的。没有强有力的领导，很难增强企业在挖掘数据价值方面的成熟度或建立起数据文化。在赢得、服务和留住客户方面，缺乏强大数据领导力的企业明显落后于竞争对手。

如果你没有数据能力，那么你就需要构建它——要尽快。这很难做到，没有强有力的领导更是不可能。如前文所述，数据是复杂的，需要技术管理和业务领域专家之间的协调。

然而，不同企业对这个新角色的定义有很大不同，这引发了如下的一系列问题：

- 你的数据主管有什么特征？
- 他们的头衔应该是什么？
- 他们应该向谁负责？

为了解决这些问题，我们需要制订一个行动计划——数据计划的领导者需要执行这个计划，以此来增加成功的机会。

你的数据主管应该做什么

他们对数据计划的整体成功负责。他们的工作是让企业对数据计划感到兴奋，认可数据计划，让领导者参与到对话中，找到合适的机会，然后确立最佳的执行计划。

简单地说，数据主管的存在就是为了高效地、合乎道德地和合法地从数据中生成价值。要做到这一点，他们需要兴奋、教育并使企业发挥作用。这就要求他们：

- 获得企业所有成员的支持；
- 制订强有力的行动计划；
- 有效地执行行动计划；
- 建立和管理一个高效的、技能娴熟和积极的团队；
- 在企业内部建立由数据驱动企业发展的文化。

获得支持

我们知道，让数据发挥作用是一个好想法，但好主意可能会被忽视、否决或严重扭曲，导致它们几乎不会产生什么好处。一个看起来不错的想法可能会得到51%的相关负责人的赞同，但即使是最小的障碍也可以轻易地使其偏离正轨。因此获得支持并不仅仅是获得认同、赞同或达成共识——真正的支持是要投入时间、金钱和资源的，还包括一些耐心。

对数据计划进行支持不能局限于企业中的少数人；企业的所有部门，从营销、财务到产品甚至法律，都将受到数据的影响。因此，企业需要招募来自组织各个领域的代表作为这一变革的倡导者，这一点至关重要。

哈佛大学的约翰·科特（John Kotter）教授讨论

了获得他人支持以实现真正的制度变革的重要性，他说："对于任何大型企业的变革来说，支持都是至关重要的。除非你的想法获得了企业各级人员的支持，否则再好的想法似乎也永远不会生根发芽或产生你想要的影响。我们的研究表明，70%的组织变革尝试都失败了，原因之一就是高管们的倡议和想法没有得到足够多人的支持。"

有若干方法可以为数据计划带来这种级别的支持，而每种方法都不可避免地需要来自企业管理层的帮助。

获得企业管理层支持的重要性

在企业中，等级制度对员工的影响很大。获得管理层的支持对任何数据计划的成功都至关重要，主要有三个原因。

第一，要想让数据发挥作用，需要企业的关键成员对数据进行应用——从产品团队到市场营销和财务团队。许多这样的员工必须在一定程度上接受他们的做事方式需要改变的现实，而人们往往会抵制威胁到现状的新想法。管理层成员的支持将有助于鼓励整个企业接受变革。

第二，在一个企业的所有（产业）领域收集数据以进行有效的处理和分析，可能是一项重大挑战，特别是对于在运营和数据方面存在筒仓效应❶的公司更是如此——这样的公司普遍存在。此外，执行数据（分析）计划的团队常常会与企业的其他计划争夺关注度、资金和资源，等等。如果要让数据部署有效，重要的是要让参与其中的每个成员（从高层到基层）都相信一个全面的数据计划所能带来的潜在价值。

第三，一些人将数据计划视为纯粹的技术项目，认为它属于IT部门的固有领域。如果员工认为这个项目没有益处或不属于他们的职责范围，那么索取数据或指导员工如何使用已创建的数据的指令可能会被忽略。业务部门和技术团队之间的密切合作对于最大限度地对数据计划进行投资至关重要，为确保这种合作的发生，获得企业管理层支持是至关重要的。

企业高管必须强调数据计划的重要性，并且他们的行动要与他们的声明保持一致，这一点很重要。企业管理层必须在更大范围内增强员工对于现状改变的接受度，并利用有价值的数据实现产出。这就是为什么来自企业高层的

---

❶ 筒仓效应指企业内部因缺少沟通，缺乏协同，各自为政的现象。——译者注

明确表态及其对数据计划投资的推动和支持，对于长期投资的成功是如此重要。

如何得到它

获得企业管理层的支持并非易事，也不是一蹴而就的。然而，如果你的工作是承担这项任务，以下三个步骤可以帮助你获得企业高层的支持。如果你已经是企业的高管，那么以下步骤可以教你如何激励自己。

① **教育**。为了让企业高管有效地参与数据运营，数据主管必须让他们了解数据运营的好处，尤其是在数据用于改善业务的信息如此稀缺的情况下。尽管高管们越来越了解"数据是什么""如何使用数据""数据将会带来什么"，但最近的一项调查发现，35%的高管承认，他们不明白如何将数据科学应用于他们的具体业务。如果管理人员不了解数据的价值，那么在将资源分配到这个领域时，他们就会小心谨慎。

管理者必须了解成功的基础支柱（在第一章讨论过）：让企业的每一个员工都参与进来（理解数据），这样能够更容易让他们看到投资回报——增加销售、更好的客户保留量、更好的利润率、提高生产力，等等。

② **兴奋**。一旦数据的价值被清楚地展示出来，数据主管就应该努力让关键的参与者对全面的数据计划可能产生的潜在结果感到兴奋。试想，如果你的计划得以实施，你组织中的每个业务部门都期望得到什么？不妨与企业高管沟通这些结果，并帮助他们看到这些好处。市场营销是否会花更少的时间和资源，因为他们可以通过数据分析获得更有针对性的目标客户？告诉他们！产品团队是否可以通过更清楚地了解用户的需求来减少开发"垃圾功能"的时间？告诉他们！金融业会看到利润增长吗？将一个得到大力支持的数据计划应该产生的改变游戏规则的结果清晰地描绘出来，并热情地分享它！

③ **理解竞争的想法**。在商业中，潮流可以迅速转变、导致观点的改变、焦点的分裂、支持的动摇。行业报告影响着高管们，在不断变化的市场中，新的优先事项会浮出水面。数据主管必须了解整个业务环境，包括可能影响企业管理层的外部因素，并根据具体情况进行相应的引导，以获得支持。

这就是为什么我之前说，为获得支持所付出的努力并不能一劳永逸；数据主管的责任是让企业内的关键成员关注数字计划的成效，即使企业内执行其他计划的团队在与数据计划的团队争夺关键成员的注意力，这可能需要不断重复上述步骤①和②，以保持他们对组织的数据计划的兴趣。

如果获得支持特别困难，你可能就需要将这个步骤与下一个步骤合并：制订一个全面的行动计划。如果可以让高管们预见到企业如何才能获得他们想要的成果——提出一个可行的计划可能是一个决定性因素，那么就能更容易地让高管们相信：大数据确实能够带来好处。

制订行动计划

为什么投资数据是一个好主意？这个问题的支持性证据也有利于让数据计划获得支持。数据行动计划是一种清晰的书面方法，它概述了生成预期中数据所能带来的改变游戏规则的价值所需的目标、活动和流程，确保每个人都理解必须做什么和按照什么顺序去做。

数据主管负责制订计划，执行计划，并与领导层和数据投资人员沟通进度。虽然有效的行动计划的细节在第3章中有更详细的介绍，但本节通过强调数据主管在该过程中的具体角色和他们可以采取的步骤来介绍这个概念。

开发一个可靠的行动计划包含四个关键步骤，其顺序很重要。

重新阐明企业的战略目标。只有对实现企业的目标有贡献的数据才能被认为是有价值的或想要得到的。

了解与数据相关的当前状态。这是一种诚心诚意的反思和早期的自我意识练习，可帮助企业发现哪些准备工作已经到位，还缺少哪些准备工作，以及在什么领域还需要做更多工作。

识别数据用途并确定其优先级。根据你对企业战略的了解，列出你需要的数据类型，并为不同类型的用以获取数据的工作划分优先级。

执行计划。有了以上准备后，"必须做什么"以及"何时从当前状态发展到期望的最终状态"就变得很清楚了。

让我们考虑一下这些准备工作的前两项。

重新阐明企业的战略目标

所有收集、处理和将科学原理应用于数据利用的努力都必须与企业目标相关，以避免产生无用的知识、见解或复杂算法。为了理解什么是相关的，所有的数据活动必须通过组织战略的镜头过滤。

虽然这应该是一个简单的练习，但事实上，就已经实现文档化的企业而言，它们的战略包含在大量文档中，或分布在各个部门，变得难以被阅读或理解。

此外，企业通常遵循传统的战略框架，如经典的五力模型或蓝海战略。然而，波士顿咨询集团的战略专家马丁·里维斯（Martin Reeves）、克努特·哈恩斯（Knut Haanaes）和詹美贾亚·辛哈（Janmejaya Sinha）的研究表明，没有一种方法对每个人都适用。相反，考虑到日益复杂的环境，你必须找到适合你的具体环境的最佳方法。有证据表明，成功地将其战略与其所在的特定环境相匹配的企业能够收获更好的回报。

因此，企业战略需要专门针对数据和数据科学环境进行解释和重新描述；仅仅理解商业战略是不够的。数据主管必须将其翻译成对执行数据计划的人来说是清晰、可操作的语言。

这是开展任何数据计划的一个必需的先决条件。把战略转换为数据术语将决定企业聘用什么团队，收集什么数据，生成什么算法，甚至是应该优先考虑数据的哪些用途（下文将详细介绍）。

此外，这种翻译不是一次性的活动。战略专家发现，数据主管必须跟上外部和环境条件的变化。如果不了解不断变化的战略目标，数据科学团队可能会构建一些复杂而有趣的但毫不相关的算法，这几乎没有任何价值。

因此，由数据主管重新确立的新战略是"北极星"，让每个人不至于偏离他们的轨道。本书的第3章详细介绍了战略表达的方法。

了解与数据相关的当前状态

任何领导者最重要的特征之一就是自我意识，企业也是如此。如果你不知道自己在哪里，你又怎么能知道如何到达你的目的地？数据主管必须准确评估企业从数据中生成和提取价值的能力。

在第3章中，我为此引入一个模型，该模型可用于评估当前状态，确定必须做什么，并揭示从数据中交付价值的工作以及预算的重点。该模型会考量成功的数据计划所需的每一个要素，并生成一个分数，该分数表明每一个要素的开发程度，以及针对每个要素必须做什么类型的工作。

由此得出的评估结果表明数据主管需要关注以下领域。

战略。有时，战略没有准确地传播给技术或业务团队，导致关键决策、获取的数据和一系列的活动都是不符合战略要求的——这种情况会导致有关数据的知识、见解和算法得不到充分应用。

技术。企业可能需要获取更多的数据，改进数据处理的过程，并提供工具来改进商业用户、分析师或数据科学家对信息的访问。数据科学团队的组成及其相应的信息输出也可能存在问题。所有这些问题都属于技术范畴的问题。

数据科学输出。企业可能需要提高自身在知识、洞察力或算法方面的水平，以便能够使自己真正回答关于"什么"或者"为什么"的问题。在某些情况下，评估结果可能会着重强调：问题正出现在从因果分析过渡到预测性和规范性数据输出的过程中；这样的数据结果可能会令人印象深刻，但与战略目标不协调，使其在很大程度上无法使用。

行为。企业要发展一种由数据驱动的文化，让企业中的大多数员工采取目标优先的方法，力求做出更明智的决策，而不是纯粹凭直觉行事，这是数据发展的理想环境。团队可能需要与那些从数据中生成价值的人更紧密地合作。这些变化也可能涉及对员工的激励，能力通过培训使员工具备提出正确的数据问题的能力，见证数据可以带来的惊人价值。

识别数据用途。数据行动计划进展的第三个阶段涉及定义数据用途并确定其优先级。同样，第3章对这一点进行了更详细的描述，但从本质上说，这是一种对领导力的挑战，因为相关团队必须快速获取领导层对该计划的支持，和使现有的数据科学家感兴趣并受到激励（或吸引更多的数据科学家）这两件事之间进行权衡。

优秀的数据科学家往往受到他们所做的工作的激励，而不仅仅是他们得到的报酬，因此识别数据用途是计划成功的一个关键步骤。同样，定义明确的数据用途应该围绕业务目标来实现，并且必须能够在合理的时间框架内实现，该时间框架考虑了初始评估期间确定的当前状态。

例如，当前状态评估的结果表明，收集和存储数据的工作可能存在重大漏洞。因此，在对使用何种数据进行决策时必须考虑团队在当前状态下要经历的过程。这就是这些活动的顺序很重要的原因之一。

所设定的数据目标也需要来自领导层的支持。人们在对数据能发挥的潜力比较认可时，面临的一个挑战可能是需要选择哪位领导的目标来执行。这个选择不能完全由预期回报来决定。

对于这些以及其他挑战，我将在本书第3章中详细阐述。

执行行动计划

执行过程将不可避免地涉及企业范围内的数据收集、管理、存储和访问，然后是针对关键业务决策的机器学习和高级分析的应用。哪些数据仍然缺少而必须收集？必须开发哪些算法？我们将使用什么方法和技术？我们将如何分享我们从数据中学到的东西，以及与谁分享？虽然数据主管通常会招募一个团队来处理这些问题，但他最终要对团队以及他们所做的工作负责。

在执行行动计划的每个阶段，数据主管都应该确保所做的工作既有效又符合业务目标。你可能倾向于招募一些求知欲通常较高的员工，但这也意味着：因为一些未经测试的技术很新颖，很能激起人们的兴趣，所以这些员工选择使用它们的可能性就会很高，他们的注意力也有可能更容易被分散。团队的此类决策是有成本的，并且将不可避免地影响解决方案的预期投资回报。

在概述执行阶段要做的工作时，数据主管必须明确以下这些具体任务：

- 数据收集过程——回想前一章的原材料；
- 数据架构和技术——回想存储和处理架构；
- 数据科学过程——回想过程中需要运用的程序以及技术；
- 数据管理——类似于质量控制，如果我们继续拿钻石开采做类比。

数据收集

大多数企业生成自己的数据，涉及范围从客户的交易和行为，到销售和客户关系活动，再到各种测试和试验。数据主管负责确保数据被准确地捕获，记住一句格言：垃圾输入导致垃圾输出。

此外，如果有可能，应该考虑外部数据源，以此来丰富现有的数据。如今，有大量的外部数据，当与内部数据一起分析时，它们的价值可以得到显著增加。数据主管必须确保从外部获取的数据以支持分析的格式被捕获，并可用于培训和构建复杂的算法。他们还必须确保收集的数据与计划中确定的数据用途相关，而且团队要抵制这种诱惑：仅仅因为数据有趣而去收集它们。从小处开始，然后在必要时增加更多的复杂性，这种数据收集的方式是有价值的。

数据架构与技术

对所有来源的数据都需要进行准备、存储和集成，以支持计划中确定的数据用途。数据主管需要和他们的团队一起决定如何存储数据、在哪里存储数据、哪种类型的数据库最有效（文档数据库，传统关系存储），以及是使用云技术和仓库还是使用专有的技术和仓库。

在完成这项工作时，需要关注数据的技术稳健性，以及那些处理数据、将其转换为知识的人员是否有渠道获取数据。一些算法可以通过批量提取的数据来构建或训练，而另一些算法可能需要为实时模型找到一个更加基于即时处理机制的解决方案，用于对结果进行评分和预测实时结果。无论采用何种算法，采用的系统架构都需要满足那些为企业创造知识的人员的特定需求。

数据主管还必须确保自身能基于正确的理由做出正确的技术和架构决策，并回避在探索新的尖端技术时经常会出现的复杂性。

简而言之，数据主管需要确保数据是有条理的、可访问的和安全的，然后才能让数据设计人员和分析人员开始处理这些数据。

数据分析和机器学习

在这个阶段，数据主管关注的重点是投资回报、数据分析及其影响，同时积极听取具有可行性的见解并做出明智的决策。他们还必须密切关注这些可交付成果的预期成本，以及从中获取的宝贵经验和收益。在这个阶段，团队需履行他们概括出的数据用途；在这个阶段，数据主管必须警惕数据科学家开发算法的一个共同特征：追求不必要的且没有好处的完美特性。

我经常遇到数据科学家致力于打造出完美的样本数据集来构建或训练算法，希望它能显著提高效率。有些人更喜欢使用最复杂的算法，但其实基本的算法就足以应付了。数据主管必须使团队保持对目标的关注，在竞争环境中"足够好"和"完成"比"完美"更重要。

数据管理

所有数据都需要遵循一套已定义的标准、策略和流程，以便从整个企业的内部和外部资源来管理其质量、安全性、一致性和可用性。

这一要求在2008年全球金融危机后得到了重视，当时需要提高资本规划的透明度和加强监管，迫使金融机构投资于其数据基础设施和数据管理流程。从那时起，产生的数据量就出现了爆炸式增长，其中大部分是个人数据，需要有严格的监管规定来管理数据的获取、存储和使用。因此，所有企业都不得不重新思考如何管理它们收集、存储并提供给分析师和数据分析人员的数据，以规避巨额罚款和声誉受损。这意味着，尽管处理数据的好处可能是巨大的，但数据主管必须密切关注所有监管要求，才能真正获得这些好处。例如，他们必须确保信息得到适当的保护、存储、传输或销毁，包括安全控制，以保护那些必须存储和归档的信息的完整性和一致性。至关重要的是，数据主管要建立一个企业可以信任的事实的一致版本（例如，在整个公司以相同的方式计算公制销售总额），拥有准确的数据元素，这些数据元素由合法安全且清晰的企业架构支持。

很明显，数据主管还有很多工作要做，但更可能的情况是，这是一个对标专门领域的角色。数据主管需要对数据的各个方面负责，从确保能够获得领导层的认可到制订和执行一个明确的战略计划。

然而，要想成功，光有计划是不够的。数据主管还需要一个有效的团队；如果缺少具备技能和积极性的人才，这一切就都不可能发生。

建立和激励一个团队

数据主管必须聘用合适的人，以确保数据行动计划和流程以高性价比、高效率的方式进行。

尽管我已经讨论过当今数据的庞大和复杂性，但这并不意味着你需要一个庞大的团队，但如果你只去寻找一名神奇的"独角兽"数据科学家，即许多人认为能够独自解决谜题的数据科学家，你就会遇到困难。

当我们想到数据时，我们倾向于想象数据科学家通过统计和机器学习来开展工作，但是，要让数据为你的企业工作，你需要的不仅仅是这些技能；要想充分挖掘数据的价值，需要有一支掌握不同技能和知识的跨学科团队。对于这些团队，我将在第4章中有完整的描述。

数据主管必须花时间去了解这些团队，了解他们所需的人才，寻找资源，对人才进行培训和提携；要在本质上提升其团队向企业交付的价值。

了解人才缺口

数据主管应该关注所需的人才，并根据对现状的初步评估以及针对数据的建议用途，将人才划分为可管理的"组件"。

一些企业寻求一次性招聘到所有掌握其所需技能的人才。但是数据主管应该首先把精力集中在启动数据计划所需的东西上。一旦企业开始意识到其努力的价值，就可以为其提供更多的资源。

找到人力资源

一个常见的误解是，通过挖掘数据来交付价值所需的技能只有在市场上被通常称为"数据科学家"的人才能掌握。这种误解导致大多数数据主管从企业外部寻找能够担任这个角色的人；但更谨慎的做法是在内部寻找。

首先查看企业内部有无相关人才的一个关键好处是，企业内现有的人才已经对企业的业务有所了解，而相关领域的专业知识又是任何数据计划得以成功的关键先决条件。你的企业内部可能已经有了一些相关人才，他们拥有处理数据的能力并能够做出由数据驱动的决策。他们可能不是来自你能想象到的部门，也可能没有"数据科学家"的标签，但他们可能拥有所需的专业技能，并已经在你的企业中工作。

如果数据主管无法在企业内部找到合适的人才，那么他们就必须开展活动，在人才市场上找到合适的人选。这是一个棘手的策略，数据主管需要完全了解每个职位所需的资格和素质。

培训和开发

一旦团队就位，数据主管必须确保团队得到适当的培训和交叉训练。相关领域的知识要求以及领导层对该团队的支持至关重要，对于这两点我再怎么强调也不为过，而培训在其中扮演着重要的角色。

数据科学家和处理数据的人员必须了解数据的用途和数据可以产生价值的领域，商业用户必须对数据分析过程、它会受到的制约、相关问题和考虑事项有一定的了解。处理数据是复杂的，这让一些人很难理解为什么某些事情是可能或不可能完成的，为什么它们需要一些时间才能完成，以及什么代表着一个好的或令人印象深刻的结果。交叉培训将增强团队成员在相关领域的知识以及他们在团队中获得的支持，并消除容易形成破坏性的"我们与他们相互对立"文化。

数据主管的目标是建立一种共同的语言，团队可以使用这种语言进行有效合作，并在获得成果的过程中分享既得利益。当这两个团队在你的倡议下一起工作时，这种相互理解将提高工作效率。

激励数据团队

由于当今的人才市场上缺乏精通数据的人才，而聘请数据团队往往代价很高。然而，激励这些人的通常不是钱。因为他们通常喜欢用最新的技术为业务问题提供开创性的解决方案，所以最优秀的人才实际上更受他们自身工作的激励。因此，有趣的项目是吸引和激励数据科学家的关键。

这对数据主管们来说既是机遇也是挑战。一方面，他们需要提供有趣的问题，并使用令人兴奋的技术自由地探索和解决它们。另一方面，这些探索是有代价的，数据主管必须在快速有效地寻找解决方案和适时突破技术边界之间找到平衡。

取得这种平衡的最好方法是将需要完成的目标数量最小化，并开发出一种敏捷的方法，即提供一个原始版本，并投入实践，然后迭代解决方案的复杂性，以获得更精确的结果。

建立由数据驱动的文化

算法可以在测试环境中有效地工作，但必须在真实环境中配置和使用它们才能产生回报。通常，可以部署或使用这些模型的领域在技术团队负责的领域之外——要么在产品开发、市场营销、财务领域中，要么在运营领域中，这些团队可能没有采用这些模型的动机。为了帮助这些团队增加使用这些模型的机会，数据主管必须寻求在整个企业范围内建立起由数据驱动的文化。

成为数据驱动型企业不仅仅要收集数据并偶尔查看数据。要实现真正的数据驱动，企业需要从基于直觉进行决策过渡到使每一个决策的确定都是基于相关数据的，使数据能够得出驱动公司发展方向的结论。

在数据驱动型企业中，所有员工都需要定期收集、理解数据，并从中学习，进而从根本上得出基于事实的结论，这些结论可以用一些量化的标准加以验证。数据应该被共享，并被用于规划和报告的目的，以及针对企业目标的内部监测。

一个数据驱动型企业可以做出更可靠的决策，为有效的实践提供信息，并使人们能够意识到问题、进行创新甚至找到解决方案。成为一个数据驱动型企业还能加速企业内部成员的共识，从而降低了算法和其他技术工作被闲置的可能性。

创建由数据驱动的文化并不容易。要想使企业员工的行事方式从以直觉为导向转变为以客观事实为依据、由数据驱动，就需要改变整个企业的行为，从最有影响力的人开始。为了做到这一点，数据主管必须创造条件，以此来激励员工发展由数据驱动的思维模式，并及时提供有关可用数据的诱因，告诉员工如何使用这些数据来做出他们所需的关键决策。

数据主管必须创建一种企业结构，让员工理解由数据驱动的企业模式的价值，并激励他们使用这种方法。应该让领导层看到基于数据做出的决策的价值，而不是让他们接受最受欢迎或最响亮的假设意见。

建立起由数据驱动的文化的另一个关键是确保决策者能够轻松地访问相关数据，并以合理的方式展示这些数据，否则这些数据就不能被有效地利用起来。"我无法获取数据，我现在需要立刻做出决策，所以我们只是根据自己的想法来打这个电话"，这是当数据复杂且难以获取时的一个常见的借口。如果人们能够在需要的时候以他们想要的方式访问信息，那么他们对数据的信任程度将呈指数级增长。

建立这个激励框架需要企业高层的支持，这说明了对数据主管的资历要求。想象一下，一个企业的底层人员如何能影响这种广泛的文化变革呢？

关于数据主管

在清楚地了解了对数据主管的要求之后，我们现在可以考虑这个人是谁。如果高层没有人对数据科学负责，它如何能成为一个企业的核心和战略组成部分呢？在没有人掌控并监督上述所有活动的情况下，企业如何能利用数据和数据科学实现价值的最大化呢？

我在这一节将会讨论该职位在企业中的级别、头衔，数据主管应该向谁负责，以及如何才能招聘到完美的数据主管。

谁是数据主管

只要简单了解一下数据主管这个职位，就不难明白这个位置上的人的级别应该很高。跨组织工作、影响所有员工行为的变化以及牢牢掌握企业战略，这些要求表明，数据主管应该是企业高管的一员。

由于数据和技术之间的明显联系，许多企业将这个利用数据交付价值的角色分配给首席信息官。有一些人选择首席财务官是因为他们具有数字处理能力，还有一些人选择首席营销官是因为营销部门注重了解客户。遗憾的是，许多这样的企业都未能在数据谜题游戏中获胜，因为让现有高管担任数据主管通常会导致数据筒仓效应。在负责数据和数据科学的成员各行其是的情况下，人们无法通过跨部门数据带来相应的好处。数据科学价值最大化的过程需要涵盖所有的业务部门、数据库和跨部门合作的数据。

此外，在现有的企业高管的角色中，个人固守自己的专业领域，通常很难形成从跨企业的数据计划中获得真正价值所需的"大局"心态。此外，他们不能在有效地专注于他们当前职责的同时，制订战略并执行所有需要利用数据产生价值的计划——也就是说，数据主管的职责是：实施全面的变革计划，发展由数据驱动的文化，并确保所有相关团队使用数据团队所创建的分析和数据产品，为企业的整体利益服务。

如果没有专门的数据团队来指导复杂的现代企业，就很难集中精力来确保能够利用数据创造更高的价值。数据计划的成败不能仅由个人来负责，它需要整个企业高层的专注。

随着人们对这一事实的意识不断增强，企业高管层迅速出现了两个新职位：首席数据官和首席分析官，这表明数据及其创造的价值值得当今企业的高度关注。

首席数据官还是首席分析官

在商业中，"首席"这个头衔出现地相对较晚。密歇根大学的一项研究发现，1955年，在美国最大的工业企业中，只有1/200的企业有首席执行官的头衔。到了1975年，几乎接受其调查的所有的200家企业都采用了这个名称。首席财务官这个头衔也出现了类似的趋势：1964年，美国400家最大的企业中没有一家拥有这一头衔，但到了2000年，超过80%的美国企业拥有这一头衔。

事实上，在过去20年里，大多数企业都增加了新的C级（首席）职位，以应对不断变化的商业环境。现在有首席信息官和首席技术官（CTO），他们随着业务流程中的信息技术、编程和软件开发的崛起而变得突出。首席技术官的加入是为了应对日益复杂和快速变化的全球市场，而当新渠道和媒体提高了品牌建设和客户参与的复杂性时，首席营销官就变得至关重要。

如今的商业环境正在经历一些翻天覆地的变化。试图利用数据创造价值的企业必须了解如何控制正在快速增长的数据量，找到操作数据的人才，并投资开发数据所需的新技术型基础设施。这些目标将使企业能够利用数据来实现新功能，找到最优决策或提高业绩的机会，并产生增量收入。因此，许多企业得出结论，需要额外的管理者来应对新的挑战，因此创建了首席数据官和首席分析官的角色。

通常，这些角色可以互换，但也存在差异。简而言之，首席数据官负责数据的收集、存储和处理，而首席分析官则专注于对首席数据官准备的数据构建自己的见解。这两个角色都是必不可少的，但同时将它们添加到企业管理层又会使管理团队过于拥挤，并增加资源预算。基于企业的规模和数据的复杂程度，可以让一个角色身兼两职——但要同时有效地履行两个职责，确实需要一种罕见的技能组合。

底线是，选择数据主管时，头衔并不是特别重要。需要记住的关键点是，无论选择的是谁或什么头衔，数据主管都必须扩展他们的职责，以满足前面提到的所有需求。不管这个人是被称为首席数据官还是首席分析官，一旦进入高管层，他们就有责任利用数据高效地、合乎道德和法律地创造价值。

数据主管应该向谁负责

我参加了一次关于数据的圆桌讨论，幸运的是，大多数高管都围绕在我身边。在讨论过程中，我捕捉到了每位高管对数据主题最突出的想法。

首席信息官：我怎么……

● 通过建立和交付信息系统来对这些数据提供支持？

● 确保我们收集的数据符合法律规定？

首席技术官：我怎么……

● 将我们标准的开发方法和技术政策应用于数据平台、访问层和分析师的应用程序编程接口？

● 确保为数据计划收集数据的代码符合我们的IT开发标准？

首席财务官：所有……

● 这些要花多少钱？

首席营销官：我怎么……

● 利用数据的输出来增加我从客户那里获得的价值？

● 当我们与客户沟通时，例如通过目标客户关系管理沟通时，怎么使用这种方式？

● 将其用于目标客户的获取、用户留存、广告和商业活动？

首席产品官：我怎么……

● 用这个来弄清楚我应该打造的产品？

● 用它来打造更智能的产品？

首席执行官：我怎么……

● 用它来有效地运营我的公司？

在数据方面，每个高管都有自己的观点，这些观点与他们自己负责的领域有关，但似乎只有首席执行官专注于理解如何在整个企业中使用它，这是典型的情况；首席执行官有考虑所有运营领域的权限。

因此，数据主管应该只向首席执行官或首席运营官负责，向所有人表明，数据分析是一项重要的、有价值的战略举措，企业相信并依靠它实现价值。简单的事实是，在业务级别和汇报关系中业务优先级会体现出来。将企业从传统的工作方式转变为更注重数据的工作方式是一种重大的行为转变，这需要首席执行官或首席运营官等关键个人有力的、明显的支持。因此，如果你的企业真的想从数据中挖掘价值，它必须向企业员工发出信号：数据（计划）确实处于高优先级。

数据主管的特征

在这么宽泛的范围内，你可能会认为你在寻找神话中的独角兽。很难找到这样一个合格的人选：他具备成为数据主管所需的广泛技能。

数据主管必须具备足够的技术能力：能够理解数据科学中产生的复杂算法。虽然他们不需要知道如何构建这种算法——这就是团队的作用——但他们必须清楚地理解每个数据的用途和与之相关的业务需要。他们必须精通数据法规和管理需求，以及交付复杂的分析解决方案所需的技术架构、语言和最佳实践。他们必须了解数据的收集方法、逻辑架构的基础、分析方法和机器学习的基础。与数据团队说相同的语言是必须的。

除了这些技术能力之外，他们还应该具备在高管层面运作的经验，即能够与所有级别的个人沟通，影响和产生新的想法和概念，并实现企业行为的改变。

他们还必须具有商业头脑，具有强烈的商业意识，能够讲述有关数据的令人兴奋的故事。他们必须有良好的领导技能，以赢得他人的信任与尊重。最后，他们必须专注于了解管理员工的过程，激励他们，让他们保持对所要做的工作的兴趣。

根据我的经验，所有成功地从数据中提取价值的企业都有一个数据主管，他具备上文所描述的数据主管应具有的技能和特征。

一旦你任命了一名称职和经验丰富的数据主管来牵头

执行你的数据计划，就是时候开启这项艰巨的任务了：创建你的数据行动计划。

第 **3** 章

大数据的行动计划

与企业的大多数行动战略一样，要成功实施大数据解决方案，你需要一个大数据行动计划。这个行动计划是一种战略，它确定了大数据将为你的企业实现什么，以及必须采取什么样的路径来实现。

制订大数据行动计划有三个主要步骤。

步骤1：明确商业战略。从战略角度实现并记录对企业试图实现的目标的理解。你必须清楚地了解战略的目标、目的和任何范围限制。需要注意的是，这一步的重点不是确定一个新的商业战略，而是对现有战略形成一个简洁清晰的理解。

步骤2：定义数据用途并确定其优先级。这一步在很大程度上依赖于上一步，通过明确企业战略以生成数据用途的优先级列表，这些数据用途直接服务于企业的战略目标，并完成交付。请记住，如果企业生成了对外部人士有价值但仅局限于各自行业价值链的信息，那么大数据的用途可能涉及出售数据。

步骤3：创建执行计划。概述你需要怎么做才能就确定的数据用途交付解决方案。要做到这一点，你首先需要了解企业的当前状态，它与交付数据解决方案的能力相关。这一步从能力评估开始，这是一个了解企业如何从数据中制造价值的过程。这将清晰地展示你在大数据方面的优势和劣势，确定哪些领域需要更多的付出或额外的关注。只有理解当前的功能，你才能概述需要怎么做才能实现数据用途。

通过有效地完成数据目标，企业将实现对其战略目标的预期影响。

明确你的商业战略

一个被清晰表达和充分理解的战略有助于企业做出关键决策。无论决策涉及的是招聘和解雇、资源分配和优先级划分，还是任何其他运营问题，战略都是划定界限和方向的指路明灯。对于企业的大多数任务，明确的战略将增加关注度，并确保投入的努力有助于企业在发展方向上达成一致。对于数据来说也是如此。

通常，数据中的知识是通过数据科学和机器学习的过程生成的，事实证明，机器在理解战略时非常有效地利用了它们创建的知识。为了说明这一点，让我们重新考虑一下阿瑟·塞缪尔教计算机玩跳棋的试验。

起初，阿瑟·塞缪尔给这台机器设定了一套操作规则，这台机器赢了几次。然而，直到他让机器理解有效战略究竟是什么，机器才开始成为有效的跳棋玩家，并在任何情况下都能打败他。如果这种方法适用于机器，那么它就是让数据发挥作用的理想方法。

这听起来似乎像是老生常谈的第一步，但要想利用大数据获得成功，需要对整个企业试图做什么有一个敏锐的理解。这适用于所有企业，无论它们大小如何或是属于什么行业——无论你经营的是一个新创立的科技企业，还是一个小型的零售商店，抑或是一家大型企业，利用大数据创造价值的第一步都是对企业战略的全面理解，这一点毫无疑问。

要做到这一点，先要假设你的企业已经有了一个战略。此阶段的目的是建立对这一战略的全面理解，以便你可以开始下一步：构建数据决策清单（或用途）。这种方法基于现有战略，可以提取大数据构建和数据科学研究所需的关键要素。如果不提取这些关键要素，团队就会缺乏重点和透明度，从而导致从初始投资中获得较差回报的概率显著增加。

如果你的企业还没有现成的战略部署，那么应该努力创建一个（并且要尽快），但它要脱离于你的数据计划。

缺乏战略

缺乏一个清晰的战略（对于你的企业和数据计划而言）通常意味着缺乏对企业目标的关注。这很容易导致人们花太多精力去收集数据和构建算法——只是因为它们很有趣或者看起来可能是有用的。其结果就是既增加了成本，又消耗了宝贵的时间，而且即使对企业的目标有所贡献，但也只是略有贡献。这种"阻力"将大大降低实现投资回报的机会。

一些人认为，应该让数据专业人员去探索数据，看看这种说法是否站得住脚。特易购（TESCO）、脸书或亚马逊这样的大型企业收集了大量数据，因为它们有这个能力。他们有庞大的团队分析数据，并产生有价值的知识、见解和算法。收集你想要的东西，并带着"寻宝"一样的希望进行探索，这需要花钱，当然这些企业负担得起。我最近发现，脸书的一个团队可以预测你何时会从单身状态变为已婚状态。就目前而言，这是一个有趣的功能，可能不会直接产生价值，但当他们发现这一功能会给他们带来实际价值时，他们有资源、技术和充裕的时间来采取行动。

像这样的普遍性探索可能是有用的，可以发掘出能够创造非凡价值的创意，但实际上，大多数企业没有足够的预算，也没有巨大的人才库，不能无止境地挖掘大数据集，因此无法发掘好的创意。那些无法做到这一点的企业，做事会缺乏重点，这可能会导致企业为了获得可行的创意方案而陷入海量数据所构成的"池沼"中。这将使任何预期中的投资回报面临风险，因为只有正确地使用大数据来生成真实的预测结果，对数据的挖掘工作才有价值。企业有必要分配一些时间用于勘探，但不应超过总时间的10%，其余时间应用于实现战略目标。

提取大数据战略的关键要素

这一步的目的不是重写你的企业战略，而是提取关键元素，使你的数据战略更快速、更容易地被消化，成为所有关键决策的"北极星"。战略并不需要编写得多好，只要可以让数据团队理解就行了。它需要的只是对一些具体的关键要素进行明确的阐述，并清晰地呈现出来，以便让人们更容易理解和部署有关大数据战略的决策。

这种做法显而易见是可行的，但不幸的是，它并不具有代表性；关键要素往往隐藏在冗长复杂的战略文件中，或者更糟糕的是，甚至没有列出，而是留给领导团队的少数成员来解释。简而言之，企业战略以多种形式和规模呈现，这使得它们难以理解和实施。

下面这些话你可能听过，甚至自己也说过。

- "我不知道我们是否应该抓住这个机会。我们从高层得到的信号喜忧参半。"

- "我真的认为我们应该关注这个项目，但它被叫停了，因为它显然不符合我们的战略。"

- "我们为什么要这么做？这似乎太离谱了。"

这种困惑和沮丧很常见，在很多企业中，高管和一线员工都对缺乏明确的战略表达感到沮丧。当你的企业有成千上万的聪明人，每个人都做出了他们认为对企业来说是正确的决策，但都未能清晰阐述他们的想法时，其结果将是令人困惑的，企业的整体表现最终将是糟糕的。

《哈佛商业评论》（*Harvard Business Review*）发

现，能够用简明易懂、人人（无论资历高低）都能理解的方式陈述其发展战略的企业，整体业务表现会更好——尤其是与那些战略复杂、极其详细、不是每个员工都能脱口而出的企业相比。

那些将战略过于复杂化的企业，其领导团队通常无法搞清楚战略简单、清晰和易于理解的必要性。其结果是，这些领导人精心设计的、充满优雅辞藻的战略未能得到实施，这使他们中的大多数人都感到困惑。

我们可以看到，造成这种混乱的关键原因之一是，企业设计出过多的框架、方法和方式来帮助自身规划企业战略。这些包括许多熟悉的工具，如安索夫矩阵、波特五力模型，3C或5P❶，SWOT❷，PEST❸等。据我统计，进

---

❶　3C战略三角模型是由日本战略研究的领军人物大前研一（Kenichi Ohmae）提出的，他强调成功战略有三个关键因素，在制订任何经营战略时，都必须考虑这三个因素。5P理论认为营销策略一般是指价格策略（Price）、渠道策略（Place）、促销策略（Promotion）、包装策略（Package）和产品策略（Product）。——译者注

❷　英语缩略词"SWOT"经常作为"Strengths, Weaknesses, Opportunities, Threats"的缩写来使用，中文表示："优势、劣势、机会、威胁"。——译者注

❸　PEST分析是指宏观环境的分析，宏观环境又称一般环境，是指一切影响行业和企业的宏观因素。——译者注

入21世纪以来，我们已经看到了超过15种新的方法和框架，从"蓝海"到"适应性优势"方法。因此，毫不奇怪，大多数人，包括商界领袖，都无法清晰地表达他们的企业战略——或者，尽管只有他们自己能做到，可再也找不到一个同事会以同样的方式表达它。

为了从数据中提取价值，并使用数据科学为企业战略决策提供更好的支持，企业战略报告应该用简短、简洁、易于理解的语言来传达，让企业中的每个人，无论其担任何种岗位或具有何种资历，都能理解并记住。要做到这一点，高管们需要对构成战略报告的关键要素有一个清晰的定义，这样会使战略形成、沟通和内部理解的过程变得更加容易，大大增加了成功实施战略的概率。

数据业务战略的要素

在你数据业务的战略报告中，必须明确三个特定的要素：

- **战略目标**——对于最终目标的一个全面的定义；
- **业务范围**——操作的限制或边界的指示；
- **关键行动**——关于每个部门对企业整体目标做出的贡献的说明。

定义这些组件有利于理解和做出关键决策。在战略目标、范围和关键行动都比较明确的企业，几乎任何一名员工都可以做出与企业战略一致的决策，而不需要定期的指导和微观管理。以海军上将霍雷肖·纳尔逊（Horatio Nelson）和特拉法加战役为例。与联合舰队（法国和西班牙）的船长们不同，英国船长们了解海军上将纳尔逊的战略（称为"纳尔逊战法"）已经有三个星期了，他们对这一战略有了非常清晰的认识，因此他们完全可以做到一旦开战就依照战略主动行动。这种清晰的意识使英国舰队赢得了特拉法加战役。

让我们更详细地对这些要素进行讨论，从而对其有更清晰的认知。

战略目标

大多数企业在制订发展规划时都有一个战略目标，他们认为这个目标应该是明确的，但它通常不是一个"形式良好"的结果。许多这样的企业把他们的使命或愿景声明与他们的战略声明混淆了。这也可能是因为存在许多关于使命和愿景的定义。有一点是明确的，即愿景和使命声明都不应包含具体的、可以用数字表示的目标。相反，他们应该总结出这家企业存在的原因以及它的总体目标是什么，二者共同构成战略目标的高级指南和着眼点。而战略目标是分步骤实现的，如果若干小步骤中的目标能在特定时间内实现，企业就更接近其整体目标。重要的是，数据的战略目标必须是单一目标。这就是算法的工作方式，所以这种方式可以使数据策略有效并具备可操作性。因此，一个良好的战略目标的关键在于它是具体的、可衡量的、可实现的、现实的和有时限的。其中一种方法是问自己以下问题：

- 为了实现我们的使命，我们需要集中精力做什么？

- 我们如何认识到我们已经实现了这一目标？

- 我们何时才能意识到我们已经实现了这一目标？

一些人认为这些问题的答案是显而易见的，不需要写下来。然而，在如今复杂且不断变化的商业环境中，仅仅希望自己的想法被理解并付诸行动是不安全的。忽略任何上述这些问题只会增加失败的风险，所以提出这些问题是一个更好的主意。

在这些问题的框架内思考战略目标，将战略思维和战略行动联系起来，从纯粹的愿望转向现实的、可实现的目标——这样会获得更高的成功机会。当这些条件得到满足时，在特定时期内驱动企业的目标将变得清晰，使我们更容易理解为了交付战略所需做出的关键决策。

这一目标的选择将不可避免地对企业产生深远的影响，而且根据我的经验，它总是会导致激烈的辩论，最终迫使领导团队保持一致。以《哈佛商业评论》一篇关于企业战略的文章为例，其中一家利润最大化的企业采用的目标是"每年至少产生10%的有机增长"。这一变化迫使企业的发展方向从只服务有利可图的核心客户、控制成本和提高效率，转为开发大量新的产品和服务，以吸引更广泛的客户群体。

业务范围

如今，大多数企业都在广泛的活动范围内运作。界定界限、约束和限制对于有效运作并防止投资和业务重心过于分散是至关重要的。界定业务的范围或领域也是至关重要的。

我曾为一家员工参与度较高的企业做过一些工作，该企业需要决定他们的客户是谁。同时为初创企业和大企业承担项目，在财务上并不是一个可行的选择，因为每种类型的客户都有他们各自经营业务的方法，这些方法明显各不相同。这种情况影响了市场营销、销售、招聘，甚至在某种程度上还影响了办公室装修。因此，有必要将他们的范围限制在一种客户类型上，理解这一点是至关重要的。

在理解数据适合的用途时，业务范围不仅为人们提供了操作边界的清晰画面，还提供了清晰的表述来告诉我们不应该做什么。有些人认为这可能会限制创造力，但只有当设定业务范围的目的是告诉你该做什么时，才会产生这种限制。业务范围纯粹是关于边界和已知的限制，表明企业应该去哪里，不应该去哪里，但它没有规定行动和活动。而一个局限于解释边界的、正确而又清晰的业务范围使特定领域内的试验和计划成为可能。

当要对关键决策——由大数据支持和增强——进行理解时，对限制和边界进行了解发挥了至关重要的作用。

在界定业务范围时，必须考虑以下三个维度：

- 顾客、商品或产品；

- 位置；

- 行业或纵向一体化。

鉴于不同企业的企业战略各不相同，这些维度的相关性可能有所不同。对于前面提到的敬业度咨询，它的业务范围与客户高度相关。对于拥有多个产品或在全球运营的企业，它们必须明确哪些产品被包括在其业务范围内，而哪些产品被排除在外，以及针对的是哪些地区。让我们以TED[1]机构为例，它是一个在网上免费发布演讲内容的媒

---

❶　TED 是(Technology、Entertainment、Design)的英文缩写，即技术、娱乐、设计。——编者注

体组织。TED有一个传播思想的明确使命，我们可以推断出它的一个战略目标："在两年内将用户量从每月20万增长到每月100万。"注意，这是个具体的、可衡量的、有时限的战略目标。

明确业务范围是至关重要的，因为它们的用户包括演讲者和观众，这两类人可能是新用户，也可能是老用户。他们可以选择忽略用户类型，在这种情况下，业务范围包括所有用户——他们也可以决定通过增加新的观众来实现这一目标。范围的定义需要为企业战略的第三个要素提供信息：关键行动——每个行动都定义了企业的每个员工必须做什么来为企业战略服务。

关键行动

只有战略目标和业务范围通常是不够的。确定数据在哪些地方可以快速增加价值或者为企业带来更多的益处，要做到这一点，理解企业每个部分的关键行动是先决条件。

要明确每个职能的职责，因为它揭示了每个部门或业务单位的发展目标。我可以将本节称为"理解业务功能"或"理解角色和职责"，但实际上我们必须牢记，由于数据纯粹与决策有关，因此决策之后的步骤是行动。

　　回到前面讲到过的TED的例子，让我们假设"在两年内将客户量从每月20万增长到每月100万"的目标有一个有限的受众范围。此时不妨将该目标调整为"通过专注于增加观看人数，在两年内将用户量从每月20万增至每月100万"。

　　那么，企业的战略目标以及关键行动概述如下。

　　产品：为了在两年内将用户量从每月20万增加到100万，以增加观众人数为中心，构建并强化产品。

　　营销：为了在两年内将用户量从每月20万增加到100万，以增加观众人数为中心，招募新用户和吸引现有观众。

　　内容：为了在两年内将用户量从每月20万增加到100万，以增加观众人数为中心，上传新的内容。

　　由此，我们可以开始看到我们将在企业的每个部门对数据用途进行定义和量化。

定义数据用例并划分优先级

　　数据用例是指对从数据中获得的知识、洞察力或自动算法的应用，目的是进一步推动实现与企业明确的战略相关联的业务目标。启动数据计划时，关键的必需步骤是识别、描述和塑造数据用例，或是那些会对数据投资产生回报的数据用例。本节关注的是识别合适用例并对其划分优先级的过程。

在第1章中，我用了几个例子来说明数据的最终用例是产生信息，并为决策提供信息。也就是说，处理数据的目的是理解"发生了什么""为什么发生""什么时候可能发生"，为决策提供信息或使决策自动化。脸书的边缘排名算法可以自动决定在每个用户的新闻提要中会出现哪些新闻；亚马逊的推荐引擎自动决定向每个客户推送哪些产品。同样地，数据用例表示公司需要做出一个或多个决策；所有的决策都需要有某种形式的数据作为依据才能有效地做出，但并不是所有的决策都适合于完全的算法自动化。

因此，识别数据用途并划分优先级的过程开始于识别驱动企业的所有决策，然后是生成决策图。从本质上讲，这一过程会生成一份文档，它概述了关键决策是什么、关键决策与战略的关系以及做出决策需要哪些知识。下列关于探索决策的关键问题概述了你在此过程中关注的内容。

- 需要做出哪些决策？
- 它们与战略有什么关系？
- 微观决策需要什么？

- 每个决策都由谁来做出？

- 多久做一次决策？

- 有多少人参与整个决策过程？

- 这些决策是如何相互关联的？

- 每项决策的成本是多少？

- 收益是多少？

- 需要具备哪些知识才能使每个决策有效？

有趣的是，在我创业之前，我还没有遇到过哪个企业采取了这一步骤，甚至没有企业尝试过制作决策图或决策清单。如果不知道这些问题的答案，你的企业将如何找到数据用例？你将如何判定哪个用例将产生最大的影响？

尽管你可能想要尽快获得结果，但值得注意的是，对于大型企业来说，试图将企业级决策图作为单个项目来开发并不是一个好主意。不可避免的风险是，这个过程将花费太长时间，大大延迟了任何改进的实施，并导致投入的时间没有得到明显的回报。这种情况将最有可能让你失去已经获得的支持。

对于大型企业，我建议使用企业战略阐明的业务范围来聚焦企业的具体领域，或者至少聚焦紧密相连的一组业务流程，从本质上确定企业战略的某个具体领域，并为该领域生成决策图。

发现决策

有几种方法可以找到、收集决策方案并绘制决策图。它们可以是高级的、一般的、协作的、研讨会式的方法，也可以是更加程序化的、结构化的和具有分析性的程序。在应用数据时，我们使用一种被称为"三角测量法"，我们从三个不同的角度问同一个问题，以帮助我们验证输出。在确定决策时，我建议你使用相同的方法，以下观点与构建决策图的三种推荐的发现方法吻合：

● 管理层发现；

● 业务层发现；

● 行业发现。

每一种方法都会有所不同，这取决于一系列因素，从"企业中有多少人""业务有多新或多成熟"，到高级团队的总体领导风格。在一些企业中，领导层只关心重大决策。在另一些企业，领导者是亲力亲为的，并坚持每个决策都必须经过他们的同意。企业的性质也会影响决策的制定。一些业务领域，如消费信用卡、财产和保险，本质上更以决策为中心，因此我们可以期望在这个过程中有更大的透明度，有更多的法律制衡。

为了成功地完成企业战略的制订，最好的做法是使用一种以上的方法来验证所发现的决策，因为每种方法都可能识别出另一种方法可能没有发现的一组决策。关键是确保你决策的过程中要包含某些关键的个人，以获得早期的支持，并减少错过重要战略目标的可能性。

管理层发现

在所研究的三种方法中，这种方法可能是最缺乏分析性的，但它具备最有价值的政治优势。

这个过程包括管理层的一系列集思广益的研讨会，领导管理层实际上是企业的关键决策者。每次会议的目的是列出所有他们认为需要在日常基础上做出的关键决策，以实现战略目标。你可能会发现，使用这种方法确定的决策通常没有展现出正确的细节水平，因此它有助于探寻员工会做出什么决策，以及这些决策如何升级，但它不会纠结于细节，而其他方法的设计目的就是要捕捉这些额外的信息。

人们有一种关注内部决策的自然倾向，但是，从管理层的角度了解外部客户或供应商的决策是有用的，了解外部客户或供应商对战略的影响的看法也是如此，从而通过了解这些客户或供应商满意与否，来建立对这些决策走向的理解。

在发现决策的会议期间与高管一起工作，关注一些重要事情，（对高级管理层来说）是获得对数据计划的早期支持的一个极好的方法。在这个阶段，有了管理层的参与，确保预算支持以及行政层的支持就变得容易多了。当然，一个进展糟糕的研讨会也可能在项目开始之前就扼杀它，所以这种方法确实带有一定程度的风险，由一位经验丰富的业务分析师来主持会议将会有所帮助——第4章会进一步阐述。

业务层发现

与管理层发现类似，这种方法涉及与业务层一起召开的一系列研讨会。然而，在这些研讨会上，有必要花时间更详细地思考以下问题。

- **管理层概述的高层决策需要哪些微观决策？** 我们经常发现，虽然管理层可以确定需要做出的重要决策，以实现战略目标，但往往有一些较小的决策必须在此之前就做出。这些被称为微观决策，通常是低层次的运营团队决策，高管们（特别是在大型企业中）通常不关心这些决策。

- **要做出每一个决策你需要知道什么？** 解构每个决策时，数据和高级分析在确保决策效率方面发挥了重要的作用，你应该开始识别这些方面，并且明确：决策需要的是纯数据还是一个高级的分析过程、算法，或者是一组结构化的规则。提取各自的用例时，这种程度的细节将在理解"该做什么"方面发挥重要作用。

要做到这一点，需要花时间记述做出决策所需的所有知识，以及这些知识在什么地方。举个简单的例子，在决定是否向客户发送追加销售产品的电子邮件时，可能需要了解客户购买追加销售产品的意向。这种知识可能会被嵌入经验、智慧、判断或计算购买概率的算法中。另一个例子是，你需要发送一封旨在鼓励客户完善个人资料的电子邮件。在这种情况下，所需的知识可能只是一个用户列表，上面需要列出他们还没有完善的个人资料——这些信息可能以原始数据的形式储存于内部数据库中。此外，你可能还需要来自外部系统的数据，例如天气数据或社会关系。

● **这些决策多久做一次?** 我们还需要掌握每个决策的频率、及时性和一致性。有些决策只需要一周做一次，而有些则必须每小时做一次。一些决策可以等另一个决策做完之后再做出，而另一些决策则需要实时做出，否则就会失去价值。有些决策的频率是固定的，永远不会改变，而另一些则会随着环境的每次调整而改变。

- **什么进程将有助于实现团队的关键目标？** 分析日常操作中出现的进程是发现关键决策的好方法。虽然它们并不总是很明显，甚至有时深藏在流程设计中，但这种方法产生的许多决策适合大数据算法。因此，重要的是要仔细搜索明确的决策点和任何升级路径，它们出现在每个检查过的流程中。

明确的决策出现在两种情况下。第一种情况是，当一个任务后面有多条路径时，这些路径依赖于同一个决策任务，在流程图和过程图中通常用菱形表示。把它想象成一个岔路口，一个方向只能因为一个决策而被选择。第二种情况是，与决策相关的动词出现时，如解决、计算、挑选、选择、验证、决定等，一个明确的决策通常是相当详细的，但在某些情况下，结果可能会有所不同。例如，对于不同地区的企业，同样明确的决策可能会导致不同的结果，这取决于你的企业所在的地区。掌握这些可以揭示附加决策，这些附加决策在创建决策清单以及识别用途时是必须要考虑的。

最后，在某些流程中，必须立刻停止某种决策，以便你可以咨询某个特定的人。这是一个"升级点"，在需要额外知识才能做出决策时，这种情况通常会发生。有的商店会遇到损坏的货物被退回的情况；或者当顾客要求打折时，店员必须得到经理的批准，这时你就看到了这种情况。做出这个决策的人需要运用自己的判断来做出决定。尽管这些决策通常是由人类做出的，但由于它们是可重复的，因此它们很适合用于大数据。

- **哪些关键事件会影响决策，它们是如何影响决策的？** 观察不同事件是发现决策的另一个有用的方法。外部事件，比如一场风暴、法规的变化、竞争的加剧等——所有这些事件都会影响物流和运营决策。事实上，一项新的立法可能会导致整个企业的重组，在此期间，为了保持企业的持续经营，必须引入新的决策。例如，欧洲关于企业如何获取和存储个人身份信息的立法已经并将继续对许多企业产生重大影响。这些事件可能是大事件（如前所述），也可以是微事件（例如客户访问我的网站并单击按钮）。

- **哪些指标受到这些决策的影响？** 一些决策可以通过

查看企业的关键绩效指标（KPI）或给出经营业绩的关键指标来发现，然后再回头看哪些决策推动了这些指标的增长。将尽可能多的决策与指标联系起来，这是确定哪些决策将形成强大的数据用途的关键步骤，因为我们不是单纯看指标，而且还在看那些已经被企业识别为关键指标的指标，这些关键指标是评估企业表现好坏的标准。

行业发现

了解你的行业价值链是另一个好方法，它可以决定影响你的企业的决策或者被你的企业所影响的决策。

你会发现数据的价值不一定局限于内部决策——它也可以是外部决策。以JustGiving为例，他们的目标之一是发展捐赠领域，在他们行业的价值链中，慈善机构可以根据JustGiving持有的数据做出关键决策。

例如，慈善机构可能需要了解什么样的图片对他们的活动最有效，或者用什么样的信息瞄准谁来增加捐款的机会。由于JustGiving拥有庞大的用户基础、图片、邮件储存库和一系列信息，他们可以为其他慈善机构提供这种有效信息，并且很有可能成为唯一的提供者。

从这些讨论和研讨会中收集的所有信息都需要以易于

理解和管理的方式记录下来。还要考虑文档中需要包含哪些内容，这样可以确保人们在研讨会和讨论中能够做出正确的决策。

对数据用例的决策划分优先级

企业可能会有多个决策，这些决策都是大数据的候选用例，因此需要考虑哪些决策应该首先做出。在进行到流程中的这一步时需要所有利益相关者共同努力，包括高级分析团队、领导团队的成员和任何具有强大商业头脑的人，以及对成本水平、实施难度、每个决策对业务的潜在影响有良好认知的人。

对你的清单划分优先级的最好方法是建立一个排序矩阵。为了建立你的矩阵，利益相关者应该配合回答你列表中每个决策的六个问题。如果决策被正确地记录下来，那么大多数信息应该是可以随时获得的。

前两个决策问题与"如何评估工作"以及"你如何知道它是否成功"相关。

决策问题1：该决策预期会影响哪些总体目标和业务指标？这个问题可以确保你的决策与你的战略目标相关联。

决策问题2：决策成本是多少，它对那些业务目标的可衡量影响是什么？成本通常是比较容易计算的。简单地计算团队中的人数以及他们所用系统的许可费用，就可以让你了解该团队做出关键决策需要多少成本。更难计算的指标是对战略目标的相应影响——这也被称为归因回报。如果这些信息很难获得，那么通常就需要进行单独的归因回报计算。这些信息对于确定应关注哪些案例至关重要；你必须能够清楚地说明：企业将如何知道在这个决策中投入的工作是否值得。数据计划需要展示出明显的影响，这点至关重要，因此选择容易衡量的决策是一个好主意。要弄清楚衡量这种影响需要实施什么手段，以及这样做需要什么样的技术努力。

下面两个决策问题有助于评估工作的影响。

决策问题3：预期或期望的影响有多大？这有助于对预期归因回报的理解。

决策问题4：多久做一次决策？更频繁的决策自然会大大增加数据投资的总体影响。

最后两个决策问题可以帮助你了解开发解决方案需要多少投资。

决策问题5：开发解决方案的成本是多少？即使改进

不大，昂贵的决策解决方案也是值得的，但是你需要了解其中的利弊。

决策问题6：开发解决方案需要多长时间？了解相关技术和业务团队所需的时间对确定优先级至关重要。企业什么时候才能从它所涉及的工作中获益？能够快速实现的战略目标有利于维持你的数据计划并获得支持。

接下来，为了开发优先级矩阵，上述问题的答案应该被划分为三个明确的指标：

- 投资回报（决策问题2、3、4、5）；
- 上市时间（决策问题6）；
- 技术难度（决策问题2、5、6）。

使用这些指标，你可以开发一个热点分析图（见图3-1），它能够表明：应该首先处理哪些决策。这个图有两个轴：一个代表技术难度，另一个代表上市时间。两者的评分标准都是1到10，1代表分数最低，10代表分数最高。

你可以在矩阵（图3-1）中看到：技术上越容易实现，决策越容易制定（在x轴上越靠右）。越是那些我们希望能够快速见到回报的决策在y轴上越靠上。每个圆的大小表示回报多少。

在上面的例子中，将决策3排在前面会是一个很好的

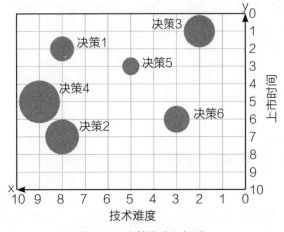

图3-1　决策优先级矩阵

选择，然后可能是决策6和决策5。决策优先级矩阵如图
3-1所示。

　　请注意，决策2和决策4用大圆圈表示，这意味着它们
的投资回报很高，但在分析过程中，我们发现它们在技术
上都很难开发，而且投放市场的时间相对较长。

　　尽早成功很重要。因此，企业应该为争议最小的决策
开发数据解决方案，同时这些决策也是见效最快、技术难
度最小的决策。这些决策将出现在热点图的右上象限。

　　记住：快速的胜利有利于获得和维持支持。如果你的
数据团队是新手，没有经验，从小项目开始可以让他们提
高技能。

　　然而，每个企业的环境和文化不同，因此运作方式也

不同，你可能会决定首先处理那些投资回报较大的决策，越早越好。虽然良好的优先级排序仍然需要判断，但创建这个矩阵将为你提供所需的客观的、实证的数据，以避免仅仅依靠政治原因或直觉划分优先级。

制订执行计划

任何执行计划的一个重要前提都必须是对企业当前状态及其执行能力的评估。你从哪里开始？已经具备哪些工具、知识和资源可以用于执行计划？你需要获得或发展什么？

你需要制定一个通往目的地的路线图，你需要知道你在这个过程中的位置。为到达目的地，你向司机发出左转的指令，假设司机知道自己在那个特定时间点的位置。如果司机没有在你预期的地点，或者没有面向你假设的方向，那么左转的指示可能会把他们带到一个完全错误的目的地。这同样适用于大数据战略。你需要知道企业现有的能力是什么，以此设计企业战略规划图。

能力评估

要理解当前的状态，你需要一种结构化的方法来评估到目前为止所讨论的每个基本要素的状态。你需要知道，企业在知识创造、洞察力或复杂算法方面做得如何，以及企业在使用这些知识、洞察力或复杂算法之前准备工作做得如何。这被称为能力评估，有几种方法可以实现这一点，从详细的问卷调查到冗长的研讨会和文档。然而，在过去的几年里，我开发了一种简化的结构化方法，使企业能够迅速了解它们如何通过数据传递价值。为了使它简单化，我将其称为数据值模型。

这个模型表明，本书中描述的要素需要集中在一起，以实现两个方面的最大化：数据能做什么以及它的用途是什么。

第1章总结了你应该对数据做的五个关键事情：

- 了解发生了什么；

- 理解某件事为什么会发生；

- 预测可能发生的事情；

- 制订一个解决方案；

- 自动决策并执行下一步行动。

这些步骤的复杂程度逐级递增，但其价值也在随之增加。

模型的第一部分使用所有关键点来提高处理数据的复杂性。

第二部分将讨论你可以使用这些输出来做什么，例如，你想知道发生了什么，预测并提出解决方案是有原因的。正如在第1章中提到的，数据的唯一用途是决策。因此，该模型的第二部分着重于提高人们对"数据可以在何处使用"的理解。这两个焦点区域共同构成了一个坐标网格或二阶矩阵的主干。数据值模型如图3-2所示。

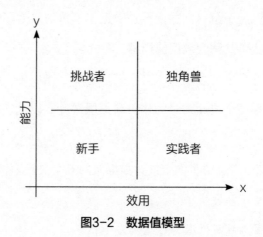

图3-2 数据值模型

y轴表示技术能力和你处理数据的复杂性；而x轴表示在以下两个方面做得如何：数据（或知识和洞察力）的输出被用于关键决策；建立你的领导团队来最大化地利用数据。沿着x轴越靠右意味着企业越来越能够理解其关键决策（内部和外部），这些决策可以通过数据自动化来实现。

网格分成四个象限，代表一个企业、部门或个人可以占据的不同位置。理解了企业所处的四个象限中的某个位置，就能明确企业目标和所需的一系列行动。

y轴：数据输出的复杂性

要找到你的企业在y轴上的得分，只需要对所产生的数据输出的复杂性进行真实的评估。评估这一点的一个快速方法是询问企业，它产生的知识或洞察力更多的是后见之明还是先见之明。

- **后见之明**自然会以标准的特殊报表、总结性表格、警示和询问的形式出现，通常会回答这样的问题："上一季度发生了什么""上个月增加了多少新用户""他们买了什么""为什么"。

  虽然这些似乎是显而易见的商业智能（BI）问题，但数据科学和大数据在很大程度上扩大了问题的范围。例如，商业智能可以让我们了解上个月的总销售额，而数据科学可以让我们了解特定人群对该品牌的整体看法。虽然这被认为是后见之明，但它是先进的，只能通过数据科学中使用的新技术和技术来实现。如果没有数据科学带来的便利，典型的商业智能分析师将无法为你提供此类知识。

- **先见之明**则是数据科学最广为人知的原因，即一种使用一系列数据源来预测特定结果的能力。例如，一个典型的数据科学预测算法可以用来确定：哪些客户很可能会转移到竞争对手那里去，以及何时可能发生这种情况。对于监督客户保留情况的团队来说，这是很有价值的。

此外，数据科学提供了一个超越纯粹的先见之明的额外阶段。例如，使用大数据，它可以为客户保留团队提供额外的见解，即他们应该如何影响用户以保持他们的忠诚度。对于一些企业来说，数据科学可以为你提供预测性知识的想法已经相当超前，而数据科学还可以影响客户的行为的想法可能看起来很遥远。然而，科学已经证明，有了一系列其他变量（或环境变量），人类可以利用信息和知识做出行动决策。因此，在正确的时间向正确的人提供正确的知识将极大地影响他们做出的决策。

x轴：决策智能

x轴表明，要了解你的企业如何使用其数据输出，你需要理解那些关键决策，它们被识别为数据用例决策发现的一部分。通常，企业在这方面是不一致的：一种情况是，由于决策不明确，人们产生了惊人但不相干的见解；

另一种情况是，尽管决策是明确的，但数据科学团队没有提供有效的分析。x轴表示的是：评估人员根据定义的用例，对所产生的知识的使用进行评分。你在x轴上越往右，就越能利用数据实现战略决策的自动化。

使用这些轴来确定企业的位置可以有效地将企业分配到四个象限中的一个象限。让我们来仔细探究一下。

新手

这是大多数传统企业的起点，它们不定期收集和存储当前可用的数据。通常情况下，新手仍在努力处理标准报告和业务信息。也许企业不相信自己拥有的数据，因此很少使用这些数据。这种企业很可能还没有一位高级领导来推动行为的改变或推动数据战略深入业务，也不太可能有一个数据科学团队来提高数据输出的复杂性。

在这个象限中，我们还可以预见到以下结果：企业战略和企业预期方向不一致，或者（企业成员）对它们的理解不够深入；缺乏关键绩效指标；出现了脱离企业的、被定位成IT功能的不同分析和数据；很难建立单一版本的真相。有些企业可能会找顾问来执行昂贵的、为期18个月的项目，通过建立大规模的数据仓库来让他们进入下一个阶段。

总的来说，人们使用任何现有数据都是无效的，数据输出也不够实时，无法看到较大的改善。

挑战者

对于挑战者来说，可能会有一支复杂、昂贵的队伍，但环境通常有点恶劣。你可能会在挑战者企业的会议室里听到这样的话："我们不知道数据科学团队在做什么""他们是一个非常昂贵的团队，但我们没有看到任何回报"。

由于数据计划执行失败，企业可能会在这个阶段终止计划，本质上是倒退了一步。或者，他们跳上数据科学的大车，在判定实际用例和确定优先级之前投入大量的资金和资源。

这些企业很清楚，你可以用事关其产生的数据做什么，但它们不确定，这些产出应该被用在哪些业务领域，以实现价值的最大化。有了这样一个技术团队，就很有可能将重点更多地放在算法效益最大化上，而不是关注投资回报。

实践者

实践者象限中的企业或个人将可用的数据输出充分利

用起来。与新手相似，数据输出主要是回顾过去，重点关注过去发生了什么，并确定为什么发生，但与新手不同的是，他们有效地使用了输出。严格遵守预算控制的初创企业通常占据这一象限，因为他们中的企业或个人需要利用数据来快速决策哪些工作可行，哪些工作不可行。

实践者具有最大的潜力进入独角兽象限——最有价值的象限——因为他们已经使用了他们收集的大部分日常数据。进入最有价值的象限基本上是一项与技术相关的工作。因此，可能阻碍实践者成为独角兽的原因是缺乏合适的技能。

独角兽

独角兽象限是四个象限中的最有价值的象限。独角兽企业在"数据拼图游戏"中获胜，他们从数据中提取的价值最大。

每个企业都应该努力进入最有价值的象限。这就需要彻底掌握战略和关键决策。他们在关键决策上做了足够的工作，将成本和相应的回报归因于每个决策。他们知道这些关系，甚至为这些决策的影响和选择建立模型。在健全的数据科学基础上，适量的数据得以产生，能自动生成关键决策。在最有价值的象限中，数据科学真正为企业创造价值，因为正在创建的复杂数据被用于与战略目标一致的明确业务目的。就投资回报和业务增长而言，它确实为企业带来了价值。

在象限之间移动需要关注本书提到的所有关键点。你会注意到你可以通过增加一个更高级的团队从新手变成挑战者（下一章会讲到）。然而，如前所述，挑战者象限是一个不受欢迎的象限。重点应该放在相关的复杂性上，而相关性只会随着更大程度的右移而增加。反过来，只有当数据的神秘面纱被揭开、数据主管到位、行动计划完善、企业文化得到转变时，才能实现这一点。这并不一定能让一个团队畅行无阻，因为以上条件也可能成为企业文化成功转型的障碍。为了更好地理解正确的团队组成，需要确保他们在正确的方向上行动，让我们继续下一个关键点——构建得力的数据团队。

第 4 章

构建数据团队

尽管分析技术和支持技术取得了惊人的进步，但建立一个大数据团队仍然是一项困难和耗时的任务，第一个原因是技术会频繁变化。从2010年开始流行的解决方案正在慢慢消亡，更先进的技术解决了以前的问题，使事情的解决变得更快、更容易。第二个原因是，许多人还没有充分认识到数据的企业性质，即它是复杂的，有许多相互连接的移动部件。第三个原因是，处理数据所需的确切技能缺乏清晰度，特别是数据科学家要担任什么样的角色——每个企业都尽力去聘用的神兽，他们可以单枪匹马，"自动"开发和执行你的数据命题。

要建立一个有效的数据团队，我们需要了解三个重要的标准：

- 数据的企业性质；

- 提供有效的解决方案所需的技能；

- 如何在企业中配置团队。

数据作为企业应用程序

我们很少听到数据的企业性质——这是一个问题。企业软件与标准应用程序完全不同，需要另一种方法才能成功配置。

"企业"一词通常指高度复杂的跨业务系统，其功能包括：

- 满足多个用户的需求；

- 需要多个组件；

- 在复杂的逻辑中使用广泛的并行处理。

企业软件的例子包括会计软件、客户关系管理系统（CRM）、商业智能系统以及如今的"大数据解决方案"。

通常，企业应用程序要满足一系列业务需求，其中一个需求的解决方案对其他需求具有相应的影响，而这种影响往往难以理解。如果其中任何一个需求未能得到满足，都可能给整个项目带来灾难。有了大数据，识别数据、寻找数据来源、清理数据、为分析做准备（有时还包括"动态"影响决策）的过程将变得极其复杂。如果流程的某一步骤出现错误，就会产生多米诺骨牌效应，最后影响到最终解决方案。该算法可能会产生错误的结果——而识别这个问题的根源可能没那么简单直接。

为了增加复杂性，对企业应用程序的要求通常涉及对业务流程、业务策略、行业规则和法规进行编码。大数据解决方案也是如此。例如，正如我们之前讨论的，在个人身份数据的使用方面，来自消费者的压力越来越大：如何收集数据，与哪些系统共享或处理数据，甚至是，你可以通过哪些分析来处理这些数据。

企业应用程序还需要足够稳固，在保持高可靠性和高性能的同时，能够"始终运行"。企业应用程序通常是至关重要的，必须满足严格的安全性和管理需求，以便人们对其进行有效的维护和监视。成功的企业都是在大数据和数据科学（具有实质性影响）领域做出关键决策的。现在，确保这些系统安全、可靠并始终处于运行状态，是任何数据解决方案的必不可少的非功能性需求。

很明显，数据解决方案就是企业应用程序。它们涉及复杂的过程，必须适应一系列规则和国际准则。企业发展的任务异常复杂。因此，承担执行任务的团队必须具有一系列的技术和非技术技能，这是个人所不具备的。

　　安排一个团队来解决这个挑战需要用一种方法来简化这种复杂性，而这只能通过一种抽象形式来实现。将这些需求聚集到类似需求的类别中，可以将问题压缩到一组更易于管理的任务中，并揭示它们如何相互依赖。当你了解需求组之间的相互作用时，你可以系统地处理它们，了解所需的技能，在构建解决方案时平衡和调整每个需求。

　　以下六个类别代表了数据的这种抽象概念，每个类别都描述了成功开发每个大数据解决方案的一组需求。

企业 企业目标、数据用例、执行计划、业务规则、策略和行业法规。包括总成本、投资规模和投资回报预期。

用户 输出数据的消费者：内部用户和外部用户，机器和人。包括部署、A/B测试、试验、培训、文档和必要的服务水平协议。

数据 所需数据的类型、来源、提取方式以及可用和访问的频率。

架构 物理应用架构，组件的分布、设计和互联，以及数据的处理和存储。

机器学习 算法的选择、设计、训练、构建和测试。

工程 将算法的设计和生产转化成新的或现有的产品。

　　企业解决方案是复杂的，因此，企业需求作为每个类别的参考点，不可避免地与其他需求相互作用。通过满足用户类别中的需求，企业需求被带到现实中，服务终端用户。数据需求主要与架构需求相互作用，但也影响设计需求中的机器学习需求和设计方法需求。机器学习方法与用户需求中定义的复杂性相结合，将对设计需求产生重大影响。需求范围之间如此复杂的相互作用是企业解决方案的自然特征，而不是大数据所独有的。

　　企业解决方案的下一个任务是找到交付每组需求人员的过程。找到某个人来解决所有这些需求不是不可能的，但非常困难。然而，许多企业正在这样做。这个寻找神兽——数据科学家——的任务已经成为当代行业中最大的问题。

神秘的数据科学家的问题

　　"数据科学家"的含义因人而异，取决于你问的是谁。当一个常用的术语缺乏准确的定义时，人们会对它产生不同的预期，从而在市场上造成很大的混乱。因此，找到拥有正确技能组合的合适人选并让他们开展正确的行动是一个巨大的挑战。对该问题缺乏清晰的认知会导致真正拥有所需技能的人选过少，但对这些技能的需求和意愿的投资会很高，我们看到越来越多的"灰色市场"中的"冒牌货"声称他们理解你的需求，并承诺提供神奇的解决方案。

越来越多的新企业、招聘人员和个人称自己是数据科学专家，是掌握这门神秘技艺的大师。他们想要欺骗的目标是那些迫切希望参与到数据难题的解决中，但又不知道如何区分好坏的企业。

找到一个真正的数据科学家是困难的——你只需要看一份标准的岗位——职能描述，就能了解企业所需技能和经验的广度和深度。

为了说明这一点，我分析了领英上发布的30多个顶级数据科学家职位。我找到了50多种有着不同要求的关键技能，并将它们分成以下几类。

- **高级分析**：数学模型、博士水平的研究技术、统计和数学、机器学习、模式识别或学习、不确定性分析、数据挖掘、算法设计和试验方法、图论、复杂的系统分析、人工智能。
- **软件工程**：软件产品开发和大量编程语言，从Java和Python到Shell Scripting和Ruby。

- **数据库**：一系列的数据库和数据设计，如数据仓库和数据结构；图解与数据工具和技术，如Hadoop、SQL、结构化和非结构化数据存储、数据处理、数据管理、可视化和ETL❶。

- **商业意识**：对消费者行为、市场营销和消费者关系管理的了解、沟通能力、求知欲、人机交互、行业相关领域内的知识、与其他学科技术人员和非技术人员之间良好的沟通和互动能力。

- **计算机系统**：高级计算、高性能计算、数据挖掘、大数据平台和云技术。

"高级分析"出现在所有职位描述中，"机器学习"或其他统计领域的术语也经常出现。然而，企业期望数据科学家编写企业级代码并创建产品：作为一名软件工程师，不仅是作为一个标准的开发人员，而且还作为一名对大数据的细微差别足够熟悉的企业级工程师，他可以创建一个生产系统，这个生产系统能够及时访问所需的数据，并且足够稳固，能够与潜在的数百万用户进行交互。

---

❶ ETL 是 Extract-Transform-Load 的缩写，用来描述将数据从源端经过抽职、转换、加载至目的端的过程。——编者注

期望不止于此。在谈到数据库概念时，数据科学家应该理解数据库的操作方式，就像经验丰富的数据库管理员和数据库脚本专家那样。该人员应了解数据架构和环境，以支持所需的数据提取方法、存储、处理和清理。

此外，数据科学家还将与所有级别的商业用户合作，利用他们的商业知识来理解营销、人机交互和购买行为，以确保最有效地交付他们的大数据产品。数据科学家还需要对他们各自的行业有深入的理解——通常被称为"专业领域知识的坚实基础，以建立有效的机器学习算法"。

如果暂时抛开这些期望的细节，你会意识到：它们与交付大数据解决方案所需的六个企业级需求是直接一致的：

- 高级分析集群→机器学习要求；
- 软件工程集群→工程需求；
- 数据库集群→数据要求；
- 商业意识集群→企业需求和用户需求；
- 计算机系统集群→架构需求。

从中我们可以看到，这神秘的数据科学家——作为一个个体——被期望成为整个企业需求范围内每个领域的专家。真的是这样吗？

顺便说一句，任何一个需求类别的数据科学家如果表现平庸都会给数据项目带来厄运，因为所有要素之间存在高度依赖关系。

这些领域需要截然不同的技能、教育和培训，几乎没有重叠。很容易看出，如此广泛的专长会让申请人、雇主和项目所有者感到困惑，从而大大增加了产品失败的风险。"样样通，样样不精"这句格言适用于这里，而且不是作为一种恭维。数据科学从业者似乎想要为所有人提供所有的东西，由于缺乏精确的定义，这种做法往往会失败。

我还没有遇到一个在这些领域具备必要专业水平的数据科学家。我如今遇到的大多数人都有很强的机器学习技能，但在工程和数据库技能方面较弱。我遇到过一些人，他们是强大的数据工程师，能够及时配置包含大量数据和复杂计算的解决方案，但在机器学习的知识和经验方面很薄弱。我遇到的大多数数据科学家在商业和业务的交互技能方面都很弱。看来，我的话或许带有成见：那些拥有强大的数字技巧的人往往不擅长沟通和社交互动——和这些人在一个房间里的是各个级别的非技术业务专家；他们（拥有强大的数字技巧的人）被期望举办创意研讨会，他们有时会在政治风暴中航行，以引出需求，确定优先级，并提供商机。

因此，数据科学人才的缺口很大，对合适专业知识的需求在很大程度上超过了供应。这一差距不太可能在短期内消除，因此企业必须努力寻找具备大数据项目所需技能的员工。

另一个极端是找六个人，每个人都是具备六项企业技能中的一项的专家。这种情况可能看起来有些过分，但企业应该更多地关注通过组建一个整体大于各部分之和的团队，来实现技能组合。除非这一概念被高管们接受，否则企业将仍然无法破解数据代码。

主要职位和所需技能

为了理解一个有效的大数据团队所需的关键角色和支持技能，我们必须首先认识到这样一个事实：虽然我们有六种不同的企业需求，但实现它们所需的技能将在一定程度上重叠。例如，交付企业和用户的企业需求所需的技能是相似的，数据和构架需求也是相似的。然而，机器学习需求和工程需求之间的重叠较少。

技能集之间的重叠非常重要，重叠越多，整合活动的机会就越大，从而减少了交付六类需求所需的角色总数。基于之前发现的重叠，在大数据时代，我们至少需要四种职位：

● **业务分析师**，负责满足企业需求和用户需求；

- **数据工程师**，负责满足数据需求和架构需求；

- **数据科学家**，其专业范围仅限于机器学习需求和其
  他高级分析；

- **数据科学工程师**，研究工程需求。

在这一点上，小企业或初创企业不应惊慌，理想情况是每个领域都有一个人，但在初创企业或小企业，很多人都身兼数职，你应该专注于每个角色的职责和他们所需的技能。这可以让你考虑企业其他领域的员工来判断你是否已经具备了这些技能。

让我们考虑每一个职位与它们应该处理的需求类别的关系。

业务分析师

早在大数据出现之前，解决企业和用户需求所需的技能的相关岗位就已经在发挥作用了。这些人发挥着至关重要的作用，主要是在大数据交付的开始和实施阶段，在项目期间经常与团队的每个成员互动。我们通常把他们称为业务分析师。

他们在项目一开始就大量参与数据计划的制订，这是企业需求的关键组成部分。正如我们在前一章所看到的，制订行动计划时需要理解企业目标、大数据用例、执行计

划以及对成本、投资需求和预期投资回报的初步看法。

为了做到这一点，业务分析师需要审阅大量的企业战略文件，并举办研讨会和面试会议，以梳理出有关该企业及其经营的相应行业的重要信息。他们需要理解真正的企业目标，识别必须在企业内外做出的核心决策，并识别大数据用例。

这个角色的另一个重要作用是与企业中所有级别的个人互动，帮助数据主管创建和维护由数据驱动的文化，所以优秀的沟通技巧是至关重要的。事实上，业务分析师需要具备一系列软技能，包括耐心、人际关系建设、与讲不同"语言"的人有效沟通的能力，以及处理"模棱两可"事件的能力。特别是在大数据项目的开始阶段——战略目标和大数据的作用可能会有很多不明确的地方。业务分析师需要消除多种解释，并清楚地阐明数据将"做什么""怎么做""何时做""谁将参与"。业务分析师必须勤奋地从利益相关者那里梳理信息。

业务分析师必须能够适应比我们想要的要更晚出现的新信息（这些新信息通常会这样）。业务分析师需要促进召开研讨会，提出正确的问题，倾听答案，吸收所说的内容，在帮助团队确定解决方案之前评估多种选择。

如果同时发现了必须做出的关键决策和必须解决的问

题，业务分析师不仅必须倾听参与人的需求，而且还必须通过询问试探性的问题来批判性地考虑这些需求，直到真正的需求浮出水面并被理解。

所有这些都需要很强的沟通能力、批判性思维和解决问题的能力。

业务分析师还必须与其他数据团队成员合作，设计一个可在项目期间进行测量和监控的执行计划。由于数据使用和隐私方面的法律限制，业务分析师需要清楚地传达项目运行过程中可能需要满足的约束条件，包括商业规则、政策和行业法规，如管理消费者隐私的规则和不同国家的"选择性加入"法律。

业务分析师作为大数据团队和企业其他成员之间的有用桥梁，使构建者、数据主管和工程师之间的互动将在整个项目中持续。这一功能至关重要，因为大多数企业需要围绕大数据进行定期教育、激励和启动，而业务分析师正是满足这些需求的理想人员。

业务分析师将在项目期间参与满足所有类别需求的工作，协助团队工作，解决技术挑战，并有效地担任技术参与者的企业代表和企业参与者的技术代表——换句话说，它们是项目的企业与技术方面的联络人。因此，业务分析师必须与所有对项目有贡献或将受到影响的人建立牢固的关系。这包括建立信任，并进入领导角色，以弥合差距，并确保满足所有企业需求。

在这四个关键角色中，业务分析师的技术性似乎最低。但事实上相反，企业需要一名强大的分析师，懂得如何从数据中收集、提取和得出结论。他们将使用各种各样的技术来

- 分析问题和可能的解决方案；

- 找出别人掩盖的漏洞；

- 预测变化或新解决方案可能造成的下游影响。

任何大数据计划都会产生必须从分析和技术角度进行测试和验证的结果。当一个算法产生时，业务分析师的任务是从分析的角度验证它的输出，利用他们领域内的专业知识，以确定它是否产生了正确的结果。算法的技术和数学发展可能看起来是为人称道的，但领域内的专业知识是识别任何异常的必要条件。

例如，在JustGiving，我们对一台机器进行训练，以此来确定在慈善筹款活动中用哪些图片最合适，这样我们就可以建议用户使用哪些图片来使他们筹款页面上的捐款数额最大化。这台机器判定：有自行车图片的筹款页面比应用其他任何图片的筹款页面筹集的资金都要多。所有的数据都证明了这一点。我们的产品会向数百万的筹款人

建议，他们应该使用自行车的图片来增加他们筹款页面的捐款数额。后来我们之所以能够识别出这是一个不正确的结果，仅仅是因为那些捕获需求的内部领域知识。结果发现，利用自行车赛事筹款比利用自行车图片筹款的平均数额更多。有了这些知识，重新运行算法，这次对赛事类型的控制避免了这种偏差。

对于许多试图解决数据难题的人来说，有效的业务分析师需要对领域内的专业知识相当熟悉，这是一个通常被忽视的事实。了解你所在的行业，能够提出并回答相关问题的人，将能够识别出仅凭数字无法发现的异常现象。了解数据如何影响收入、赢利能力、生命周期价值和其他对企业重要的因素是很重要的。

数据科学算法的输出可以被记录下来供人类或机器使用。例如，使用一个算法来决定向用户发送哪封电子邮件。如果算法需要在没有人类干预的情况下选择一封电子邮件，该电子邮件将被书写，以用于机器消费，数据的输出主要关注与交付延迟有关的非功能性需求、发生错误时的服务、效率跟踪、监视，当然还有安全性。另外，如果一个人必须根据数据做出决策，那么输出的数据是供人类消费的，需要更直观、更具描述性，在某些情况下，还需要可视化的支持。

这是业务分析师跨越商业和技术领域发展的另一个机会，从而确保产生的信息以一种易于消费的方式打包。这里的关键技能能够通过数据讲述一个故事，并对该数据进行更好的可视化处理。这种技能是开发由数据驱动的文化的另一个核心元素，也是数据科学成功秘诀的另一个关键因素。

数据工程师

数据工程师的角色是另一个需求类别的核心：数据类别。通过交付与所需数据相关的一切，数据工程师在支持由数据驱动的文化方面发挥了关键作用。数据工程师的作用是监督数据的捕获、处理、存储和访问的所有方面。

数据工程师的工作从协作开始，发现从现有的新数据源获取数据的机会，以满足企业需求。数据工程师需要确定如何最好地捕获、清洗和转换数据。这个人必须帮助识别差距，因为大数据不一定是完美的数据——它总是需要一些清洗和调整。数据工程师还必须决定如何管理、存储、访问、操作和调度数据。可以将数据工程师看作构建数据管道的管道工，解决与以下这些方面相关的问题：数据捕获、数据库集成、混乱和不完整的数据，以及不同类型、大小和可用性时间表的非结构化或半结构化数据集。

他们的最终目标是提供干净、可用的数据，为任何可能需要它的人（通常是业务用户和分布式系统设计人员）提供优化的数据。对于业务用户，数据工程师的目标是在正确的时间将正确数量的数据送到他们手中，以支持及时的决策。对于数据科学家们来说，数据工程师负责处理大量数据，这使数据科学家能够在安全、稳健的环境中训练和构建高级算法。

数据工程师负责架构、数据库和大型数据处理系统的开发、建设、测试和维护。他们构建的所有东西必须是可塑的，并且符合业务需求和行业实践。

任何想要建立一个合适的大数据环境的企业都需要一名合格的数据工程师，他们可以

● 选择平台；

● 设计技术架构并进行测试；

● 配置建议的解决方案。

选择架构和构建合适的大数据解决方案是一项挑战，因为必须考虑很多因素。解决方案将需要满足企业以及数据科学科学家和数据科学工程师的需求。因此，数据工程师的影响是显著的。他们的成功在于他们所能提供的质量和数量。

为了满足这些需求，数据工程师需要对主要的编程、

脚本语言有深入的了解，如Java、Linux、PHP、Ruby、Python或Scala，这些语言用于从其他提供者那里吸收数据，它们也被用于开始将系统连接在一起的时候——使用哪一种并不重要，只要它在团队中是通用语言就行。

此外，数据工程师必须具备下列经验：使用行业标准的提取、转换和加载工具。他们应该具备为多个大型数据仓库设计解决方案的经验，对集群和并行体系结构以及大型或分布式关系型数据库管理系统（RDBMS）有很好的理解。因为数据工程师需要处理非结构化数据，所以了解NoSQL平台也非常重要。

从架构的角度来看，一个成功的数据工程师应该具有常规解决方案的构架和应用程序设计方面的大量经验，在转向大数据解决方案之前应该具有大量的实践经验。担任该职位通常需要具有10年左右的工作经验，包括微软、亚马逊和谷歌等大型企业开发大数据解决方案和产品的经验，以及在多个平台上的信息管理和数据处理的强大背景。

机警的数据工程师会建议提高数据可靠性、效率和质量的方法。由于变化太快，数据工程师必须跟上新的数据管理技术和软件的步伐，包括开源代码选项，并且不惧怕适当地将它们集成到现有结构中。数据工程师应该明智地选择工具，一旦连续的管道被安装在过滤信息的巨大储存库之间，业务和数据工程师都应该能够轻松地为各自的目的提取相关数据集。

与大数据团队的所有成员一样，数据工程师必须具有良好的协作能力。除了与数据团队频繁协作以确保与项目目标一致外，他们大部分时间的工作是与数据消费者（包括企业用户和数据科学家）协作，以确定需要分析哪些数据。

数据工程师和数据科学家之间的交流尤其重要。数据不只是被扔进数据库等待消费，它必须根据数据科学家提出的数据用例进行优化。清楚地理解这种交流是如何发生的，对于减少数据管道中的错误非常重要，并且需要考虑如何完成这种交流。

一些数据工程师为数据科学家提供了运行SQL的平台，另一些提供了像Tableau这样的报告前端，或者更喜欢通过API提供访问。无论选择哪种方法，都必须允许数据科学家专注于他们的本职工作，而不是如何访问或清洗数据。对于数据科学家来说，花80%的时间清洗数据并不罕见。数据工程师必须通过提高数据的质量和对数据的访问来减少这方面的工作，从而使数据科学家能够尽快开始他们的高级分析和机器学习"魔术"。

数据科学家

尽管在本章的前面部分我们做过这方面的描述（在当今的商业中，这是一种普遍的误解），但不能指望数据科学家精通所有的大数据角色，因为没有一个人可能擅长所涉及的各种知识和技能。

之前对该职位的描述分析显示，高级分析（包括数学建模、统计和机器学习）是最常见的需求。将人们对数据科学家的期望限制在这些技能上是非常现实的。

大数据是生产所需的原材料知识，数据科学家是21世纪的炼金术士——他们可以将原始数据转化为得到净化的洞察和知识。数据科学家的职能期望是开发机器学习算法，并处理数字，以帮助回答问题，并利用数据进行预测。他们的主要职责是利用适当的数据科学方法和工具，帮助企业将大量大数据转化为有价值和可操作的知识。

事实上，数据科学本身并不一定是一个新的领域，但它可以被认为是数据挖掘或分析的高级阶段，这种挖掘和分析由机器学习、计算机科学，以及与领域内专业知识相关联的大数据来驱动和自动化。

有时候，开发人员面对大数据时可能没有考虑到特定的业务问题。正如我们前面所讨论的，建议分配给数据科学家10%的时间用于发现。在这种情况下，好奇的数据科学家将探索数据，提出正确的问题，并提供有趣的发现。这很棘手，因为要分析数据，一个强大的数据科学家应该具备机器学习、数据挖掘、统计和大数据基础设施等不同领域的广泛知识。

许多机器学习算法本质上是统计建模程序的扩展，数据科学家解决问题的技能包括理解传统的以及新的数据分析方法，以建立统计模型或发现数据中的模式，例如创建推荐引擎，根据相似之处诊断病人或发现欺诈交易的模式。

这个人必须具有统计头脑，具有编程和构建数据模型的经验。他们应该有处理不同大小和形状的不同数据集的经验，能够高效地在大型数据上运行算法。对他们来说，这些技能是至关重要的：精通计算机科学基础知识和基本编程，包括使用数据库技术的经验。

一个好的数据科学家将与任何即将到来的变化保持同步，并掌握有关新工具、理论和算法开发的最新消息。他们定期查看研究论文、博客和会议视频，并加入在线社区，以跟上最新的趋势。

然而，仅凭理论知识，数据科学家并不能为随机森林使用的多个参数选择正确的值。从默认值开始也还不错，但是应该根据你的数据修改哪些参数？特征提取是机器学习的一个重要组成部分。不同类型的问题需要不同的解决方案。

选择正确的特征、算法和参数是一门艺术。这更像空手道，而不是数学。这是不能从书本上学到的。它是通过实践来学习的，通过亲自动手将算法应用于各种数据集，通过大量的尝试和错误，以及通过看到数百个成功的应用案例来学习。

机器学习算法的标准实施可以通过库、包、应用程序接口广泛地进行，但要有效地应用它们，需要选择合适的模型、拟合数据的学习过程，并理解参数如何影响学习。此外数据科学家还需要了解不同方法的相对优势和劣势，以及许多可能会让你犯错的"陷阱"。

数据科学家不仅需要查看和分析数据的技能，还需要操作数据的技能。统计学家负责审查和解释一组数据，而数据科学家能够首先更改收集数据的代码，两者是不同的。

通常，适合于产品和服务的更大生态系统的元件只是一个小组件。数据科学家需要理解这些不同的组件如何在一起工作，如何与它们通信，并为其他组件构建适当的接口。

如果没有创造力和对于一切的求知欲，数据科学家就什么也不是。尽管人们对数据的刻板印象都是关于数字和统计的，但大数据是一个快速变化和扩展的领域，需要一定的开放心态和创造力。为了创新，优秀的数据科学家必须能够超越前人的眼光，探索新的理念。

数据科学工程师

虽然我们已经明确：数据科学家应具备的技能包括带有一些编码的机器学习，但我们仍然需要生成的数据产品成为生产系统的一部分。推荐系统可能会有数百万用户使用，它的构建需要对应用程序开发和分布式体系结构有更深的理解。

流行的案例包括脸书的信息流、亚马逊的推荐系统和网飞上的电影推荐。构建这部分解决方案的人员不是典型的数据科学家，也不是标准的开发人员，而是精心设计系统的工程师，以提供数据解决方案，避免瓶颈，并允许算法随着数据量的增加而扩展。

数据科学工程师确保从一个环境到另一个环境的代码和数据的连续打包和发布，保持清晰的可审计性和版本控制，以理解哪个输出对应哪个用于生成它的代码。软件工程的最佳实践（包括需求分析、系统设计、模块化、版本控制、测试、文档等）对于生产力、协作、质量和可维护性来说是无价的。

同样重要的是，数据科学工程师制定了一个清晰的回转策略，只需点击几下鼠标。数据科学工程师为最坏情况做了准备，通过开发带有验证过程的故障转移策略来保持稳定性。

一名有效的数据科学工程师所需要的技能类似于一个强大的软件工程师或开发人员所需要的技能。然而，对于大数据，数据科学工程师还需要理解分布式计算、云架构、数据移动和数据存储。这就是与其他软件工程师相比数据科学工程师的独特之处，而且这个角色对于构建和利用一个成功的大数据解决方案至关重要。

第 5 章

创造一种成功的文化

根据前面的描述，数据生成的输出必须用于关键业务或客户决策，以实现其真正的价值，但有趣的是，确保数据的输出实际得到使用并不像听起来那么容易。真正的数据驱动型企业文化必须建立在企业中，以确保你的数据计划能够带来高投资回报以及颠覆性的成功。

几年前，我研究了一个预测模型，以提高某个电子邮件活动的点击率。尽管该模型能够提高92%以上的点击率，并显著减少邮件接收者选择退出的数量，但它从未被使用过。这令我困惑不解。尽管有如此清晰、不可否认的证据，但这家公司为什么不使用这个项目，不将其用于电子邮件营销呢？在经历了一场小小的信任危机之后，我开始观察企业中其他人的一般行为，以了解决策通常是如何做出的。

　　人们主要依靠"直觉"和经验做出决策，这可能并不令人惊讶。这个团队的领导有多年的经验，在选择向哪些用户发送电子邮件时，纯粹是基于直觉和以前似乎有效的方法。然而，令人震惊的是，即使是所谓的成功也只是假设，没有应用任何指标。一般来说，他们只满足于邮件被成功发送了，但很少或根本没有注意它要达到的相应效果——这迫使我提醒他们，如果不进行测量，你就不能得到改进。

　　这种行为并不仅限于这个团队，但由于它无意中得到了回报，其他团队也开始效仿。

　　我遇到过其他一些有关企业行为的例子，在这些例子中，数据不可能得到充分利用。在这样的企业中，数据的输出被归档在一个标记为"数据中有趣的东西"的柜子里，不幸的是，它现在仍然在那里。

　　在一些企业中，人们希望利用数据提出问题，但这些问题不一定是正确的，我曾看到大量的数据和分析请求，大多符合有趣的类别，而不是有用的类别。高管们经常表示，他们从来没有打开过这些文件，或者即使打开了，他们也只是在删除之前用目光扫了一下，于是这些文件的内容就不会对随后的决策产生影响。在这样的企业中，你经常会被问到数据团队的真正价值是什么。人们会问它"做了什么",这样很难获得归因价值。

在其他企业中,获取数据的需求总是"拥有它挺好"的需求,而不是一种必要的需求。如果上述任何一种行为听起来很熟悉,那么你的企业就需要投资建立一种数据驱动型企业文化,否则从数据中产生价值几乎是不可能的。

一种企业文化决定了每个业务单元或部门如何使用、普及和尊重数据的行为、价值观和期望。因此,企业文化对于从数据中提取的价值有重大影响。为了优化这一价值,企业需要创造一种环境,鼓励和奖励员工更多地利用来自数据的产出,而不是盲目地凭借直觉和感官行事。在这里,我并不是说它是一个"二选一"的选择(在使用"数据"和"直觉"两者之间)——数据本身可能包含错误,我提倡的是一种能够认知我们人类的偏见和低效的行为,从而补充决策数据,在基于直觉的决策和基于数据的决策之间建立健康的平衡。

大量研究表明,企业依赖数据决策的倾向与企业在许多核心能力方面的成功之间存在明显的相关性,这些核心能力包括赢利能力、员工敬业度的提高,以及创新和寻找新收入来源的能力。

最近的一份报告显示,强有力的证据表明:拥有数据驱动型企业文化的企业年收入平均增长27%，没有数据驱动型企业文化的企业年收入平均增长只有7%。此外，第一种企业中，有83%缩短了过程周期时间，而第二种企业中只有39%。第一种企业中，有12%的企业降低了运营费用，而第二种企业中只有1%。这些只是人们从由数据驱动的企业文化中可以期待获得的部分好处。

因此，"数据驱动"成为一个流行词汇也就不足为奇了，但不幸的是，它的命运与"大数据"一样，因为它没有被完全理解。类似的一连串噪声扰乱了这个定义。数据驱动型企业究竟意味着什么？高德纳公司将其定义为使用数据"组织活动、做出决策和解决冲突"的企业。简单地说，数据驱动型企业是基于直觉、感觉和数据分析做出决策的企业，并且在这三者之间达到了一个很好的平衡。

人们似乎普遍认为，数据驱动型企业文化在成功破解数据代码方面发挥着关键作用。然而，如果不确切地知道这种文化是什么样的，我们就无法理解它与企业的其他关键元素之间的联系，也无法开发出能从数据中提取最大价值的好方法。如果我们能定义数据驱动型企业文化是什么样子，我们就能更好地理解如何诊断问题，并实现成功数据计划所承诺的"改变游戏规则"的结果。

数据驱动型文化的特征

在数据驱动型企业中，依赖数据是次要特征。它融入了企业的思考、决策和工作方式。当你进入一个数据驱动型企业时，有两件事很突出：员工的整体行为和总体工作环境。

员工的特征

在数据驱动型企业中，往往有许多员工对数据的价值充满热情，将其应用于决策，并把时间花在制作总结性表格、电子表格和报告上。他们热衷于识别指标或跟踪自己的活动，这样他们就能获得更多的信息。

为了说明员工的不同行为，现在我们考虑两种可能的反应（当一个企业经历了求助电话数量激增的情况时）。

基于直觉的反应："我刚刚听到一个客服电话，抱怨我们发布的新版本产品，感觉客服电话的数量激增。这一定是由于新版本的发布出现了问题。我们需要尽快回到以前的版本。"

数据驱动的反应："在过去的五个月里，我们看到客服电话的数量每月稳步增长约6%。自最新版本发布以来，增长率一直保持不变，但与新版本相关的电话不到总数的0.5%，对这些电话的分析表明，除了一个电话外，其他电话都来自同一个人。看来我们的新版本没有什么问题，我们应该保留它。我们仔细看看数据，看看是什么原因导致了这一增长。"

这两种反应之间的差异是明显的，但在如今并不罕见，因为许多企业仍在朝着数据驱动的方向发展。基于直觉的反应直接指向假设，而没有提到或试图访问数据，也没有要求进行一些分析或进一步探讨具体问题。基于直觉的反应得出的结论最有可能导致一些灾难性的决定和混乱。相反，由数据驱动的反应是基于数据的，会生成截然不同的建议。

许多数据驱动型企业都有自己的方法和顺序，但他们都在一定程度上显示出以下五个特征：

- 他们考虑目标和决策之间的关系。

- 他们的交流是以事实为基础的。

- 他们渴望获得相关数据。

- 他们依赖测试和学习。

- 他们精通数据。

让我们详细讨论每个特征。

目标和决策

在数据驱动型企业中，员工很清楚自己想要关注的方向，以及这与企业战略的关系。企业的战略目标应该是明确的，并且你可以通过定义良好的关键绩效指标来衡量企业的进展情况。员工应该清楚要达到的目的和目标。当一个目标被分配给一个团队或个人时，他们已经确定并理解了主要的指标，或者简单地说，他们所做事情的可衡量的影响，使他们能够评估进展并确定他们是否处在实现目标的轨道上。因此，这也让他们更好地了解了自己对企业战略的贡献，从而激发员工的积极性，使其保持动力，朝着正确的方向前进。你会发现他们不断地问自己：

- 我需要做哪些决策？

- 我需要什么数据来做决策？

- 这些决策如何与目标和其他决策相联系？

通过问这些问题，你晋升到了更高的层级，这时你会发现高级主管可以非常清楚地看到一个部门或单位是否起作用。这意味着高级团队也清楚企业决策所带来的回报，使企业能够做出更快、更有利可图和更有针对性的决策，同时使员工在整个企业中保持决策制订方法的一致性。这样企业就会变得更加敏捷，可以同时做出决策和适应新环境。

基于事实的沟通

每当有人提供意见、建议或想法时，他总是会提供相关数字和数据——尽管数字可能是不精确的，但至少使用了一些可重复的基本原理。通过专注于基于事实的观点，团队内部和高管之间的争论和辩论数量将显著减少，仅仅依赖于直觉本能的——相当模糊的——概念（传统上推动决策同时会带来分歧）也在减少。

在数据驱动型企业中，更多的个人被赋予权力，而不管他们的经验如何。朱莉·阿森诺特（Julie Arsenault）说得很好："你有数据来支持这一点吗？"这应该是个没人会害怕问的问题（每个人都准备好了回答）。当有数据支持时，把想法摆到桌面上就变得很容易了。这也提高了员工的士气，因为他们的想法被听取的过程更加透明和民主。

即使数字显示出了糟糕的性能，也要对其进行传递。当企业的表现低于平均水平时，没有人试图隐藏它，这使团队能够识别需要改进的领域。决策是基于数字和事实的，而不是基于偏见、先入为主的观念或信念的。

当员工谦虚地认识到，在人类的本性中，有数百种偏见会影响和破坏我们的决策，因此在一个信息丰富的世界里，我们必须尽力纳入信息，以调整这些自然产生的偏见。

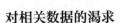

对相关数据的渴求

所有员工都可以访问代表他们团队和企业活动的数据。因此，所有的团队成员都对他们各自的团队或项目的状态有很强的、基于事实的理解。企业用户定期访问报告工具，并制作电子表格来提问、探索、做出决策和准备进度报告。

当开始一项新工作时，他们总是渴望了解如何能够访问和查看性能数据。当计划与指标产生关系时，如果没有度量的能力，就不能启动计划。对于在线项目，在编写第一行代码之前，需要收集数据，以确保在项目启动时可以立即进行分析。

依赖测试和学习

知识和数据可能难以捉摸，而且并不总是近在咫尺。数据驱动型企业往往拥有强大的测试文化，并通过试验进行创新。只要有可能，员工就会通过测试来发现他们不知道的东西。线上和线下业务都是如此。

依赖测试是员工的天性。在对整个受众或产品进行任何纠正之前，要进行测试，以检查这种纠正是否确实改善了性能。因此，数据证明和验证项目的改进，并允许你获得对知识的进一步理解。

相对而言，测试是具有非对抗性的。在一个数据驱动型企业文化氛围中，人们可以说"我们不知道答案，让我们测试一下"，然后让数据发光。我们很容易对数据吹毛求疵，对假设提出挑战、讨论和迭代。

数据读写

在数据文化中，员工是讲"双语"的：分析师说的语言是业务，业务人员说的语言是数据。决策者都是数据高手——这意味着他们应该有足够的能力来判断好的和坏的试验设计，在必要的时候反驳分析师，提出正确的问题，并适当地解释指标和证据。

这里需要强调的是，数据驱动型企业文化无论如何都不会忽视直觉和经验。它只寻求在人类直觉和数据之间取得平衡，让人们接受这样的事实：直觉总是会受到个人偏见影响。

企业设置

今天，很难找到一个没有报告或总结性表格的企业，但这并不能使他们受数据驱动。对于许多这样的企业来说，报告几乎是不打开的，总结性表格在被认为有用之前总是需要添加另一个功能，而且两者都倾向于"向后看"，只反映已经发生的事情。很少有人能够通过他们的指标理解为什么某事会发生，能够确定什么可能会发生或如何应对的人更少。

员工行为在一定程度上受到技术、培训和企业结构的影响。那些试图让自己的企业更多地受数据驱动但遭受了失败的领导者通常会列举一系列原因，从难以获取数据、分析工具复杂、研究周期长，到对IT企业的过度保护特性（有时限制了对数据的访问）和多个数据筒仓阻碍了全频谱分析。

这些技术上的局限和限制似乎是偏好直觉和经验而不是数据的合理理由。它指出了一个事实：除了员工特征以外，还有一系列数据驱动型企业的企业特征。

要想成为一家成功的数据驱动型企业，首先需要领导团队承诺从数据中传递价值，然后投资聘用一个高效的数据团队，并聘请一位敬业的领导者，让企业决策民主化，建立一个精通数据的团队。这将使企业做好充分的准备，利用分布式系统将产生大量的数据、信息和知识。下面，我将详细介绍企业应该努力争取获得的全部属性。

承诺

拥有数据驱动型企业文化的企业自上而下地普遍致力

于利用数据取得成功。一线经理、业务分析师和其他许多人每天都在使用数据完成工作，他们得到了所需的工具、培训和激励措施的支持。由数据驱动的决策成为每个人工作的标准方式，这种行为会得到奖励。企业产生的数据被定期使用，每个人都理解并致力于完善数据计划。

新的角色，新的头衔

新的职位将被创建，并承担新的职责，有人将负责数据的质量、收集和可访问性。如今，我们特别看到两个角色：首席数据官和首席分析官（详见第2章对这两个职位的描述）。具备这些角色的企业表明，它们将数据视为重要资产。然而，仅仅在企业中没有这些职位是不够的。这些职位必须与高级领导层直接联系起来，以充分释放数据科学在整个业务中的转型潜力。

高质量、易于访问的数据

高质量数据掌握在整个企业的所有用户手中。数据的消费者信任它，并能够使用适当的工具访问数据来进行探索性分析，以及制作现成的定制报告和总结性表格。每个人都可以轻松地访问与他们相关的数据以及代表他们团队活动的数字。通过这些数据，所有团队成员都对团队的优势和劣势有了准确的了解。

那些在大数据方面取得成功的企业，将数据团队作为一个向高管汇报的理想中心来管理。这是一个重要的转变，同时在行政层面需要引入一个能够推动这一事业的角色，这两者应该一起实现。

在一个企业中，如果业务用户知道哪些信息是可用的，进而访问他们需要的数据并使用它来影响结果，那么数据的价值就会迅速增加。数据驱动型企业应该尽可能地实现数据民主化，为员工提供高效工作所需的数据和技能，将数据嵌入他们的流程中，并授权员工做出适当的数据驱动决策。

开放和共享

数据驱动型企业似乎缺乏数据筒仓。事实上相反，为了确保数据是最新的并且是有意义的，他们整理了来自整个企业的信息。数据集中化使数据不断更新成为可能，确保整个企业能够获得最新的数据。

目标优先

员工不仅清楚自己的目标，也清楚企业的目标。领导传达企业的使命、愿景和战略。这些数据被记录下来，并传达给整个企业，每个人都能利用数据做出明智的决策，实现战略目标，从而获得激励和奖励。

培训和奖励非数据人员

每个员工都接受过数据分析和解释的培训。因此，员工更容易理解数据，知道使用和分析数据的方法，并有权采取相应的行动。即使在失败的情况下，数据也永远不会用来指责任何人。但是，出现问题时，数据将以中立的方式被共享，目的是为改进性能确立条件。因此，员工不害怕承担风险，对于那些可能会不太尽如人意的业绩数据，他们也会更坚决地使用，以便获得改进。

学习和测试文化

在数据驱动型企业中，你会看到一种强大的"试错"文化，它允许人们进行创新、学习、改进和尝试新想法，并从真正的客户和用户那里获得直接反馈。做出假设是有回报的，更重要的是，它能使人们认可和接受一个道理，即任何人都可以产生一个好想法。根据我的经验，企业经常使用数据来识别一次性的业务改进，但那些更受数据驱动的企业则致力于持续学习。2013年，在JustGiving，我会见了克莱夫·亨伯特（Clive Humby）爵士，他提到每一笔使用特易购会员卡进行的交易都是一次学习的机会——这显然是特易购在这方面如此成功的另一个原因。

收集（几乎）一切数据

经过验证的数据收集项目在获得资金方面没有困难。无论何时何地，只要有可能获得新的和有用的数据，就很容易获得必要的预算，使参与者能够基于数据做出决策。员工知道管理层充分尊重数据，并高度重视它。

从战略、运营和文化上讲，数据驱动型企业收集尽可能多的数据，并将其用于业务的各个方面。原因是你不知道你可能会发现什么隐藏的相关性或因果关系。例如，在信用评分模型中使用的最常见变量包括收入、银行余额、未偿信贷、支付历史和就业状况。然而，一个热衷数学的主管，名叫J.P.马丁（J.P.Martin），他就职于加拿大最大的零售连锁店——加拿大轮胎——能够通过处理大量的数据发现，购买行为或人们购买的品牌可以很好地预测他们的信用评分。事实上，《纽约时报》（*New York Times*）的一篇文章报道说，对J.P.马丁的方法进行测试后发现，它比传统方法更准确。如果只采集传统的数据点，就不可能得出这样的结论。

之前，我们讨论过，专注于有针对性的数据收集是个好主意，特别是在数据活动的早期阶段。我们还讨论过，允许数据团队将10%的时间用于探索是个好主意——为了使探索能最大限度地发现有用的东西，大量的数据是必要的。

你需要了解你所在企业里的一切。我们现在可以储存比以往任何时候都要多的数据，海量的数据搜索结果将为我们打开通向成功的新大门。

创造更多知识的习惯

数据驱动型企业习惯于不断创造可能被利用的知识和见解，通过员工对学习的渴望，以及对产生的可操作信息和知识的不断增强和改善，从而产生更多的信息，如图5-1所示。

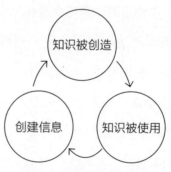

图5-1　知识的良性循环

这种习惯在整个企业中传播开来，随着企业中越来越多的部门依靠它来做决策，所创造的知识的数量和类型开始增长。这有效地创造了一个知识和效用的虚拟循环。一旦这个循环开始，企业就根据最有价值问题（MVQ）定期投资，频繁地从数据科学的投资中获得价值。

数据团队的自由

在数据驱动型企业文化中，数据团队有足够的自由和资源去做他们被聘用来做的事情。他们可以进行自由试验，业务分析师和数据科学家在对数据的访问方面几乎没有受到任何限制。数据团队可以使用足够的沙箱（一个进行试验和尝试的地方）——供他们存储和处理内存密集型、规模大而且频繁变化的数据量。

通往数据驱动型企业的道路

有些企业从一开始就是数据驱动的——这深植于它们的DNA。另一些企业只能通过改变行为来获得成功。

谷歌和脸书等企业都是由工程师创建的。创始人拉里·佩奇（Larry Page）和马克·扎克伯格（Mark Zuckerberg）分别拥有强大的计算背景，因此，他们倾向于利用由数据产生的日益增长的洞察。其他科技企业也有同样的特点。例如，领英、网飞和亚马逊都在其内容和产品推荐引擎中使用了PYMK（"people you may know"的英文缩写，意思是"你可能认识的人"）算法生成的见解。对于这样的企业来说，它们非常适合从大数据中挖掘价值。

其他企业——尤其是那些比较老、技术性不强，或者过去辉煌过而对数据科学没有明显需求的企业——往往不会那么容易适应由数据驱动的行为。相反，他们将不得不通过一个刻意的改变计划来为成功创造最佳环境。

好消息是，即使在最极端的情况下，改变也是可能的，因为文化不是一成不变的，它们是动态的，可以根据外部和内部的变化而变化。一个常见的例子可以在迈克尔·刘易斯（Michael Lewis）的书《魔球：如何赢得不公平竞争的艺术》（*Moneyball：The Art of Winning an Unfair Game*）中找到。棒球运动已经有150多年的历史了，在其中大部分时间里，球队管理层一直遵循传统的方法来评估球员，确定未来的发展前景，甚至决定比赛中的策略——几乎完全基于球探和球队管理层的直觉。

然而，比利·比恩（Billy Beane），奥克兰（棒球）竞技队的总经理，摒弃了这些传统的方法，并开始使用一种分析的、循证的方法来研究比赛，相对于其他棒球队来说，这是一种极端的财政限制。他使用数据、分析和统计分析来决定球队应该招募谁，每个球员在场上应该做什么，甚至决定球队应该在每场比赛中采用什么战略战术。

比恩和他的团队能够证明，传统的方法是主观的、过时的、经常有缺陷的——主要球队中的大部分经理刚开始时对此不屑一顾。比恩在自己的球队中建立了一种由数据驱动的文化，取得了巨大的成功，联盟中的所有其他球队现在都在使用同样的方法。

这个故事是一个非常具有启发性的例子，说明在着手进行企业变革以建立数据文化时应该期待什么。有越来越多的企业已经做出了这种企业文化上的转变，并在其企业和行业中"点球成金"。

最终，走向数据驱动型企业文化是企业与人和技术合作以改变行为的一个过程。尤瓦尔·诺亚·赫拉利（Yuval Noah Harari）在《人类简史》（*Sapiens*）一书中说，文化是一个人类直觉和本能的网络，它让我们以特定的方式思考，按照特定的标准行事，想要特定的东西，遵守特定的规则。这说明了一切都与行为有关，企业文化的三个维度驱动最终的行为——始于符号提醒（完全可见的人为现象）、关键行为（触发其他行为的重复行为，这些行为既可见又不可见）和思维方式（广泛共享但完全不可见的态度和信念）。

行为是真正变革的最强大的决定因素。人们做什么比他们说什么或相信什么更重要。因此，要想营造更强数据驱动型企业文化，你应该开始着手改变最关键的行为以及思维方式。随着时间的推移，改变行为模式和习惯可以产生更好的结果。

例如，"福格行为模型"指出，要想采取新的目标行为，需要三个主要因素：

- 足够的动力；

- 足够的能力；

- 一个有效的触发因素。

只有当所有三个因素同时出现时，预期的行为改变才能实现。

动力

罗切斯特大学心理学教授爱德华·德西（Edward Deci）博士将动机定义为"行动的能量"。动机本质上是对一种行为的渴望程度。虽然动机的本质在心理学上是一个备受争议的话题，但福格行为模式认为，有三个核心动机推动我们产生行动的欲望。我们被我们的感官所驱使去寻求快乐并避免痛苦，被我们的期望所驱使去寻找希望而不是恐惧，被社会凝聚力所驱使去获得社会的接受而不是拒绝。快乐、希望和社会认可的增加会增加动力，而痛苦、恐惧和拒绝的增加则可能会降低动力。

激励机制有力地塑造了文化。预测人们会做什么的最好方法就是考察他们被激励去做什么。激励措施可以包括货币奖励、非货币性奖励（如地位、认可和进步）和制裁——企业的所有成员都必须服从。领导团队应该花时间鼓励和奖励符合数据驱动型企业文化的行为。

能力

简而言之，在任何流程中，如果一个举措能减少步骤或减少任务的数量，那么它被采用的机会就会增加。如果你希望自己的企业能够从明智的决策中受益，那么员工就需要能够轻松地查找、理解和使用数据。这个过程越简单，他们就越有可能采纳所期望的行为。为了有效地提供这种能力，使数据简单易用，必须考虑以下几点。

时间

如果开展目标行为需要花费（很多）时间，而我们没有足够的时间，那么该目标行为就不简单。例如，如果我经常被要求填写一个包含100个字段的在线表单，我可能不会完成这个表单，因为它对我来说并不简单，而且我还有其他的事情要做。

体力

需要耗费体力的行为可能不会被认为是简单的。例如，如果我想查看有关去年客服电话的统计数据，但这些记录保存在我们的仓库里，我可能不会去检索它们。我会根据我的经验和直觉来猜测。

脑力

如果目标行为很费脑，那可能就不简单了，尤其是当我们的头脑被其他问题占据时。我们往往高估了人们的思考能力，深入思考或以新的方式思考对许多人来说都是很困难的。

偏离常规

如果目标行为要求对我来说不合社会常规，那么这种行为就不再简单。例如，穿着睡衣参加市议会的会议可能不需要付出什么努力，但我会付出"社会代价"，这也会让目标行为复杂化。

习惯

为了追求简单，人们通常会坚持他们的日常习惯，比如在同一个加油站买汽油，即使这与其他选择相比花费了更多的钱或时间，因为这对他们来说是熟悉的。做任何日常习惯之外的行为都不简单。

获得能力的另一个重要因素是让大数据和业务团队使用"相同的语言"。我发现交叉训练和协作可以成功实现这一点。

一旦你的团队就位，交叉训练就变得至关重要。例如，我遇到过一家保险企业，该企业有意花时间为他们的分析师做关于保险和商业用户的分析。我们的目标不是让每个人都成为所有领域的专家，而是建立一种团队可以使用的"共同语言"来有效地合作。

允许团队成员交换位置也有助于确保团队共享既得利益。此外，它还能让每个团队成员接触到不同的工作文化。不要忘记设计激励机制的重要性，激励机制可以鼓励集思广益并建立集体思维。

触发因素

改变行为的最后一个因素是触发因素，或者告诉人们现在就采取某种行为的某种东西。触发因素往往被忽视或被认为是理所当然的，不过，无论如何它都是至关重要的。事实上，如果人们有足够的动机和能力来采取某种行为，那么触发器就是必需的。聘请数据所有者担任高级职位，是向企业其他成员发出"数据很重要"这一信号的一种有力方式，通常也足以引发行为改变。其他触发因素包括定期计划的数据审查、有计划的提醒或审查最新数据结果的会议，以及对于在每周的状态报告中包含数据驱动信息的要求。

一旦你理解了数据驱动型企业的员工特征和组织结构，就更容易理解我描述的动机、动力和触发因素，从而让你的企业走上数据驱动型道路，并获得我们一直在谈论的改变游戏规则的结果。这可能是一个挑战，但值得努力！

总结性思考

在本书提供的所有信息中，有许多值得吸收的东西。最重要的是要明白，虽然数据中蕴藏着很好的机会，但数据计划实施起来并不容易。

由于存在许多不确定因素、误解和误用的术语，成功实施大数据解决方案非常困难。如果你无法全面理解数据能为你做什么、它的意义以及它在企业中如何被用来识别和实现价值的基本原理，你就无法通过执行这些步骤来成功地解决数据难题。

尽管存在这些困难，企业也不应该只作为一名旁观者，因为置身事外的潜在影响可能是灾难性的。

我希望读者能够放下这本书，明白这样一个理念，即大数据就是数据，只不过它的数量太多了，种类繁多，产量非常高。大数据是数据科学受欢迎的"表亲"——这涉及从大数据中交付价值的过程。这个过程本身涉及许多"活动部件"，需要许多技能才能使其工作。寻找神秘的"万能"数据科学家是徒劳的。相反，企业应该花时间组建合适的团队，填补合适的职位，并找到相关的技能集。

企业需要谨慎任命他们的数据主管。他们处于决定这些项目成败的关键位置，为此他们必须与高层领导坐在一起。如果数据（无论大小）本质上是为了提高企业或客户做出的决策的质量，那么将它们放在其他地方将会大大限制它们成功的机会。此外，企业文化是成功的关键因素之一，并且只有高管职位才能影响企业文化。

与其他任何高级职位一样，你的数据主管在制订数据行动计划、招募团队成员以及监督他们在企业中活动的整个过程中都需要支持。

组织应该抵制使寻找数据用途的过程过于复杂的做法。由于数据价值的实现源于利用数据来做出更好的决策，因此应该投入时间来了解需要哪些关键决策，它们如何影响核心指标，以及哪些决策是大数据用例的理想选择。一旦确定了优先级，团队就能够开始执行任务且成功率很高。

最后，这本书应该作为一个常规的参考点。把它放在手边，当你的数据工作出现问题或"拼图缺少一块"时，可以参考它。与你的同事分享它。这里有很多内容需要你去理解，并且其中的许多内容只有通过经验和迭代执行才能成为你的第二天性。

祝你成功地为你的企业破译数据代码。